PEQUIM
ATRAÇÕES

Sanlitun
Jogue-se de cabeça na vida noturna Pequim. Boates imensas, restaurantes abertos até altas horas e *punks* disputam espaço nas imediações do Estádio dos Trabalhadores.

Comunidades artísticas
A vanguarda artística ocupou as fábricas desativadas e as cidades rurais. Essas comunidades incluem Dashanzi (pág. 12), East End Art (pág. 34) e Song Zhuang (pág. 100).

Cidade Proibida
O último imperador saiu em 1924 e deixou 9.999 aposentos jogados às traças. Os salões maiores estão sendo reformados para as Olimpíadas.
Pág. 10

QG da CCTV
Este *yin* retorcido de Rem Koolhaas e Ole Scheeren equilibra o *yang* dos arranha-céus do distrito empresarial.
3º Anel Viário Leste, entre as pontes de Guanghua e Jingguang

Wangfujing
Dance na pista favorita de Chou En-lai, no emblemático Raffles Hotel (pág. 17), e tome uns drinques no Beijing Grand (tel 8518 1234).
Ver Bairros

Mausoléu de Mao
O presidente pediu para ser cremado, mas seus fiéis seguidores embalsamaram seu corpo e o preservaram em um caixão de vidro.
Praça Tiananmen

Antigo Distrito das Embaixadas
O megaempresário Handel Lee está transformando a antiga Embaixada dos Estados Unidos em um sofisticado espaço de lazer, alimentação e artes.

INTRODUÇÃO
RETRATOS DA CENA URBANA

Apenas um ou dois anos atrás, Pequim não merecia um guia de cidades Wallpaper: apesar da modernização, faltava uma classe média significativa. Você poderia perguntar: por que um crescimento do PIB de dois dígitos e um investimento de dezenas de bilhões de dólares na "maior Olimpíada de todos os tempos" ainda não renderam prerrogativas como uma classificação Michelin para um restaurante chinês? Ou cinco estrelas para um hotel no campo? Ou um programa arquitetônico que seja considerado bem-sucedido?

Basta imaginar como a cidade e seu povo estão sendo pressionados. Nas últimas duas décadas, Pequim tem sido o laboratório urbano de um país em transição, oscilando entre mercados livres e monopólios protecionistas, nacionalismo e globalização, planejamento centralizado e corrupção e, infelizmente, entre privação e decadência. Alguém se arriscaria a dizer para onde o país caminha? "*Chai-na*" é um trocadilho muito em voga por aqui atualmente. Significa "derrube isso". Bastante adequado, pois Pequim está destruindo grande parte de seu passado para erguer o futuro.

Mas há algo de encantador neste lugar, como diriam os *laowai* (estrangeiros) que foram picados pela "mosca de Pequim". Se a cidade confunde com suas contradições, é rica em possibilidades. Deve ser essa mistura de tensões que intoxica seus habitantes – que fazem tudo da maneira mais difícil – e lhes dá força para prosseguir. Nos últimos anos, essa estranha força tem feito surgir lugares novos e suficientemente interessantes para merecerem este guia.

INFORMAÇÕES ESSENCIAIS
NÚMEROS E ENDEREÇOS ÚTEIS

INFORMAÇÕES TURÍSTICAS
Centro de Informações Turísticas Dongcheg
10 Dengshikau Xilu
tel 6512 3034

TRANSPORTE
Aluguel de carro
Avis
tel 8406 3343
Beijing Top A Car Service
tel 6438 1634
Táxi
Beijing Taxi Company
tel 6831 2288
Tourism Taxi
tel 6515 8604

EMERGÊNCIAS
Ambulância
tel 120
Polícia
tel 110
Incêndio
tel 119
Farmácia 24 horas
Beijing International SOS Clinic
BITC Jing Yi Building
5 Sanlitun Xiwujie
tel 6462 9100
www.internationalsos.com

EMBAIXADA
Embaixada do Brasil em Pequim
Guanghua Lu 27
tel (8610) 6532-2881/3883
info@brazil.org.cn

DINHEIRO
American Express
28 Jianguomenwai Dajie
tel 6515 7671
travel.americanexpress.com

SERVIÇOS POSTAIS
Correio
Jianguomenwai Dajie
2º Anel Viário Leste
tel 6512 8114
Envio expresso
UPS
1 Jianguomenwai Dajie
tel 6505 5005
www.ups.com

LIVROS
Oracle Bones: A Journey Between China's Past and Present, de Peter Hessle (Harper Collins)
Remaking Beijing: Tiananmen Square and the Creation of a Political Space, de Wu Hung (University of Chicago Press)

SITES
Arte/Design
www.artrealization.com
Jornais
www.chinadaily.com.cn

ALGUNS PREÇOS
Táxi do Aeroporto BCI ao centro da cidade
CNY135 = €13,40 = US$19
Cappuccino
CNY31 = €3,40 = US$4,40
Maço de cigarros
CNY10,40 = €1,70 = US$2
Jornal
CNY10 = €1 = US$1,45
Garrafa de champanhe
CNY677 = €65 = US$94 (cotações de 11/2/2008)

PEQUIM
Área
16.800km²
População
15 milhões
Moeda: iuan renminbi
CNY10 = €1 = US$1,45 = R$2,50
Telefone: códigos de área
China: 86
Pequim: 10
Fuso horário
GMT +11 (não considera horário de verão)

MÉDIA DAS TEMPERATURAS MÁXIMAS/ °C

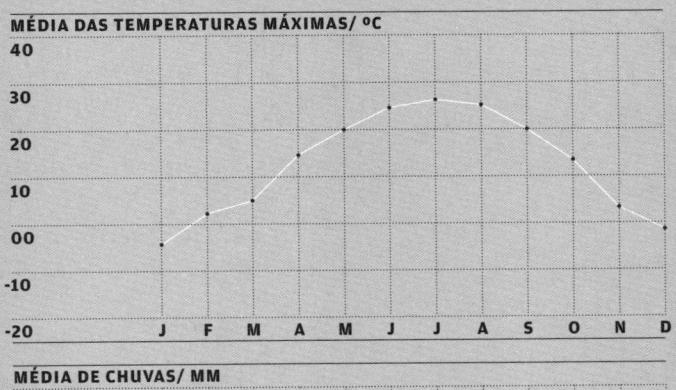

MÉDIA DE CHUVAS/ MM

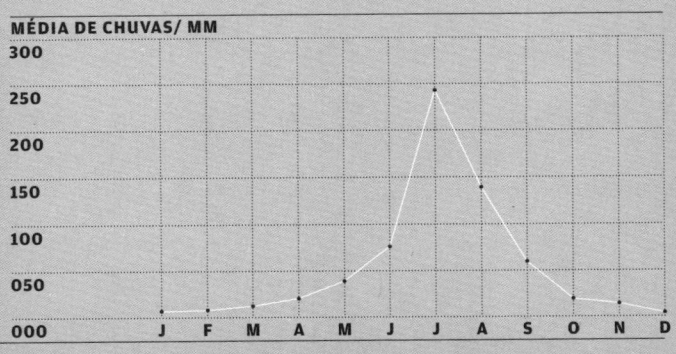

BAIRROS
AS REGIÕES QUE VOCÊ PRECISA CONHECER E POR QUÊ

Para facilitar a circulação pela cidade, escolhemos os bairros mais interessantes (ver o mapa no final do guia) e destacamos as atrações com cores, segundo a localização (ver abaixo). Os locais que ficam fora dessas áreas estão em cinza no mapa.

COSTA DOURADA
A revitalização do 3º Anel Viário Leste resultou em uma cadeia de arranha-céus anônimos. Logo, porém, o notável QG da emissora estatal CCTV, assinado por Rem Koolhaas, irá redesenhar a paisagem. Enclaves de tranqüilidade estão no antigo Distrito das Embaixadas, exceto nas ruas russas de Yabao Lu. O Parque Ritan é o mais bem-cuidado ao norte do Yang-Tze.

UNIVERSIDADES
Liang Sicheng, fundador da Escola de Arquitetura da Universidade de Tsinghua, implorou a Mao que preservasse as muralhas da Cidade Velha e construísse a nova ao noroeste. Infelizmente, ele não aceitou. Mas a região está perdendo a imagem de intelectual e *punk* para a de cidade informatizada, com cybercafés espalhafatosos e torres inteligentes. Mas a pirataria de *softwares* consegue garantir a sua realidade.

WANGFUJING
Um jogo da amarelinha entre os extremos da moderna história chinesa. As portas da Cidade Proibida (pág. 10) se abrem diariamente, enquanto as do vizinho Zhongnhai, do Partido Comunista, estão sempre fechadas. Ao lado do Grande Salão do Povo, uma imensa e clássica caixa, há uma bolha futurista – o Grande Teatro Nacional, de Paul Andreu (pág. 14). Embora Wangfujging é um corredor de lojas populares, aos poucos começa a lançar tendências.

ZONA LESTE
Entre o aeroporto e a cidade há algumas poucas comunidades de ex-agricultores e favelas de migrantes, mas muito mais comunidades artísticas, escolas internacionais, *villas* e apartamentos de luxo. Os nomes vão de Palm Springs a Park Place e Yosemite. Com todos os brechós, spas e cafés em torno do Holiday Inn Lido e o alvoroço de comunidades artísticas como Dashanzi, ou 798 (pág. 12), os moradores desta área praticamente não precisam ir ao centro da cidade.

CIDADE VELHA
Antes reduto de concubinas, guerreiros e literatos, os quarteirões labirínticos ao redor da antiga zona imperial voltaram a ser valorizados. Entre um período e outro, foram devastados pela coletivização maoísta e pela modernização pré-olímpica. Os limites de altura impostos aos novos prédios e a reurbanização da área estão conseguindo salvar o que restou.

SANLITUN
Os expatriados instalaram seus *pubs* no arborizado Distrito das Embaixadas no início dos anos 1990 e logo surgiram lugares adoráveis em Sanlitun Nanlu. Hoje, os grandes blocos de tijolos estão dando lugar a novos complexos. Entre o Estádio dos Trabalhadores e o Ginásio dos Trabalhadores, o antigo Boliche Gongti 100 e o Tennis Center são a meca dos *clubbers* e da gastronomia local.

MARCOS DA CIDADE
OS MELHORES PONTOS DE REFERÊNCIA

Costuma-se atribuir aos mongóis, que sob Kublai Khan fundaram a dinastia Yuan (1217-1368), o traçado do plano básico de Pequim, que estabelecia que Dadu (a Grande Capital) se estenderia sobre um traçado simétrico em cujo eixo central estaria o Palácio Imperial. Até hoje, esse plano garante que Pequim – por mais incompreensível arquitetonicamente – seja auto-explicativa. A cidade é a sua própria bússola.

Os primeiros imperadores Ming ergueram a Cidade Proibida nesse eixo central, com templos voltados para as quatro direções, Sol, Lua, Terra e Céu. A dinastia Qing, dos manchus, manteve intacto o plano básico. O mesmo não se deu com os urbanistas de Mao, que derrubaram os muros da cidade para construir o 2º Anel Viário e construíram pontes no lugar dos antigos portões. Isso criou o sistema de anéis viários concêntricos, que desde então vêm se propagando externamente. Fora da cidade antiga, a vida universitária e acadêmica se estabeleceu a oeste, enquanto as representações diplomáticas e, hoje, as corporativas foram para leste. Pequim finalmente encontra uma espécie de centro de cidade ao redor do China World Trade Center.

Se parece simples percorrer esse traçado, os quarteirões quilométricos de Pequim tornam impraticável caminhar pelos arredores; e, se o metrô funciona entre os pontos centrais, é bastante limitado em relação ao resto (algumas linhas novas estão sendo inauguradas). Quanto às vias públicas, recebem mil novos veículos a cada dia, inclusive os sedãs Hyundai que substituíram os pequenos táxis vermelhos de Pequim.
Veja os endereços em Informações.

A Cidade Proibida
Ao declarar seu governo da Porta da Paz Celestial em 1949, o presidente Mao "voltou-se para o sul", como fizeram os imperadores do passado. Mas foi a superstição, dizem, que o impediu de pisar o interior da Cidade Proibida. Os antigos aposentos do Filho do Paraíso realmente reluzem sob a neve fina e também impressionam à noite – tente percorrer o fosso espectral em direção ao pátio externo da Porta Wumen. As paredes da Cidade Proibida Vermelha, como também é chamada, são "vermelhas como fígado de porco". Os tijolos são de cal branca e arroz pegajoso, e a argamassa leva claras de ovo.
www.dpm.org.cn

Comunidade Artística de Dashanzi
A vanguarda artística de Pequim encontrou aqui sua "terra prometida" pós-industrial, mantendo os *slogans* proletários nas paredes. O lugar passou a ser conhecido como 798, em razão da Fábrica 798 de eletrônicos em estilo Bauhaus, que hoje se transformou no pólo de arte Espaço 798 (acima). Os setores foram desativados no final dos anos 1980, e, em meados dos anos 1990, o baixo valor dos aluguéis por metro quadrado atraiu um novo inquilino: a Academia Central de Belas-Artes (tel 6477 1019). O editor de arte Robert Bernell abriu caminho e artistas seminais como Huang Ruí o seguiram. Alegando problemas de segurança, o proprietário do 798 quis retomar o lugar para erguer arranha-céus, mas a bem-relacionada comunidade artística entrou em ação.
4 Jiuxianqiao Lu, T 6437 6248
www.798space.com

Torre do Sino

Do terraço do Drum'n'Bell Bar (tel 8403 3600), os estrangeiros que moram nos *hutongs* discutem sobre qual das torres do relógio é mais bonita: a do Tambor (Gonglu), à direita, ou a do Sino (Zhonglu), à esquerda. A do Sino sempre vence, mas só por simpatia. Esta deselegante torre medieval foi erguida no final dos anos 1300, mas foi logo consumida pelo fogo e só foi reconstruída nos anos 1700. Enquanto isso, o sino foi removido porque soava muito baixo. Conta a lenda que um ferreiro se esforçou tanto para fundir um sino maior, que tocasse mais alto, que sua filha se atirou dentro do bronze derretido para atrair a simpatia dos deuses, deixando os chinelos para trás. Dizem que nas noites de tempestade o sino emite uma nota que soa como a palavra *xie* (chinelo).
Gulou Xidajie

Grande Teatro Nacional

Em 1998, quando o arquiteto Paul Andreu ganhou a concorrência para preencher o "grande vazio" ao lado do Grande Salão do Povo, os críticos disseram que sua bolha de vidro e titânio podia ser tanto um ovo de pato quanto um monte de excremento. Mas os defensores enxergaram um leve toque chinês em sua geometria círculo-no-quadrado. Talvez ainda seja cedo para dizer se Andreu botou um ovo ou não.
Lado oeste da Praça Tiananmen

HOTÉIS
ONDE FICAR E OS QUARTOS MAIS INDICADOS

Mais de cinco anos após Pequim candidatar-se a sediar as Olimpíadas de 2008, os poucos hotéis bons da cidade permaneciam os mesmos. Mas isso logo mudaria, pois os líderes comunistas haviam prometido para 2008 oitocentos hotéis estrelados, com 130 mil quartos.

O primeiro dos dois novos Ritz-Carlton foi inaugurado em 2006. Situado no centro financeiro (1 Jinchengfandong, tel 6601 6666), na ainda não-revolucionada zona oeste, a fachada é um paredão de vidro assinado por Skidmore, Owings & Merrill; por dentro, Hirsch Bedner & Associates criaram um futurismo *wabi-sabi*, bem diferente de trabalhos anteriores, como o St Regis Hotel (pág. 18). Enquanto esse empreendimento visa atender aos banqueiros, o Ritz-Carlton Central Place, da Wimberly Allison & Goo, servirá ao *jet-set* corporativo quando finalmente abrir suas portas, na Costa Dourada (83 Jianguomenwai Dajie, tel 5908 8888). O Marriott está chegando com um monstro de 591 quartos no mesmo lugar, assim como o Four Seasons e mais dois Hyatts. O Park Hyatt, que ocupará os últimos dos 63 pavimentos do Beijing Yantai Centre (2 Jianguomenwai Dajie), é um projeto do arquiteto norte-americano John Portman inspirado em uma lanterna chinesa.

Percebe-se algum interesse por hotéis-butiques, mas há pouca ação, embora se saiba que a Bulgari esteja no mercado. Por enquanto, fora da cidade só há o hotel Commune by the Great Wall (pág. 97). Não importa onde você se hospede, prepare-se para pagar muito mais caro à medida que as Olimpíadas se aproximarem.

Veja os endereços em Informações.

Raffles Beijing Hotel
Depois de passar por modernizações nas décadas de 1950, 70 e 90, este hotel reabriu como parte do grupo Raffles em junho de 2006. A fachada original da década de 1900, que funde influências francesas e orientais, foi preservada, bem como os arcos, a pedra incrustada da recepção e o piso de madeira da sala de estar – dizem que foi aqui que Chou En-Lai recebeu o norte-vietnamita Ho Chi Minh. O príncipe *fashion* Benny Ong vestiu echarpes creme nos funcionários, e a *designer* de interiores Grace Soh decorou os quartos. É pena que o verniz e a laca de pisos e móveis pareçam novos demais. Hospede-se na elegante Landmark Suite (acima), saboreie a moderna culinária francesa no JAAN e beba um Singapore Sling no Writers Bar.
33 Dongchang'an Jie, tel 6526 3388
www.beijing.raffles.com

St Regis Hotel

Situado no Distrito das Embaixadas, o St Regis é um oásis colonial. A piscina em estilo romano confere à sala de ginástica uma qualidade de spa, enquanto o Club Wing Lobby (foto) e o Garden Lounge, com suas palmeiras e espelhos no estilo Versailles, inspiram imitações de mau-gosto entre os *nouveau riches* chineses.
21 Jianguomenwai Dajie, tel 6460 6688
www.stregis.com/beijing

Red Capital Residence

A idéia desta grife de hospitalidade é do consultor Lawrence Brahm, que começou com o Red Capital Club (tel 8401 6152), um *supper club* em estilo casa, e recentemente abriu outro mais retirado, o Red Capital Ranch (pág. 92). Os três exibem a coleção de curiosidades reunidas nos corredores do Partido Comunista, como se vê nesta área de recepção do Capital Residence (acima). Se, para você, saudosismo significa mais do que conforto, não deixe de ao menos pernoitar neste centenário hotel. Ele tem cinco quartos dedicados a concubinas, escritores – como Edgar Snow, o biógrafo de Mao que foi convidado por ele para acompanhar a Longa Marcha, ou a médica e escritora Han Suyin – e, claro, ao próprio presidente.
9 Dongsi Liutiao, tel 8403 5308
www.redcapitalclub.com.cn

Lu Song Yuan Hotel

Este hotel de 56 quartos ocupa a antiga residência de um lendário general da dinastia Qing. Os sinófilos que buscam a "China real" chegam a desfalecer diante da autêntica antiguidade, que aqui é misturada a instalações modernas. Conforta-os a sensação de que Pequim não é mais hostil como era, mas, por outro lado, a batalha ainda não terminou. Isso dito, escolha seu quarto com cuidado.

O hotel tem uma suíte (acima) com pátio privativo, mas que não é tão aconchegante nem tem a vista dos deslumbrantes telhados vermelhos que se vêem do segundo andar. Como há muita procura, faça a sua reserva com antecedência.
22 Banchang Hutong, tel 6404 0436
www.the-silk-road.com

The Kerry Centre Hotel
Moderno e bem localizado, o Kerry é envolto pela aura de ter surgido em 1999, ano em que a China ingressou na Organização Mundial do Comércio. Pertencente à rede Shangri-la e ao bilionário malásio Ribert Kuok, ele se localiza no cinturão freqüentado pelos 500 da *Fortune* e costuma hospedar os altos executivos da tecnologia da informação. Todos os quartos, inclusive a Suíte Deluxe (acima), têm decoração contemporânea, e os travesseiros têm o nome Kerry bordado em caracteres chineses. O ginásio, com quadras de basquete e tênis, é maior que o dos outros hotéis da cidade. O Kerry Mall tem bons *dim sum*, mas o Centro Bar & Lounge (à direita) é imperdível. Com atendentes insinuantes, música ambiente e martínis frutados preparados pelo premiado barman Bruce Li, o *lounge* tornou-se o paraíso dos *socialites*.
22 Banchang Hutong, tel 6404 0436
www.the-silk-road.com

The Peninsula Beijing

O *lobby* abafado e a antiquada fachada de azulejos traem a idade deste hotel próximo à Cidade Proibida (pág. 10), mas muita coisa mudou desde a inauguração, em 1989, quando então se chamava Palace. Em 2001, a decoração colorida e exagerada foi substituída por telas de seda chinesa e acabamento moderno, como se vê nas 28 Suítes Beijing (acima). E em julho de 2006, o hotel passou a se chamar The Peninsula. O Wangfujing, onde ele se situa, também se transformou. Isso significa menos *hutongs* a percorrer e mais restaurantes de classe a conhecer, sem falar nos elegantes restaurantes do próprio hotel, o Jing e o Huang Ting, que serve os melhores *dim sum* da cidade. O que não mudou foi a presença das grifes internacionais, como Tiffany e Louis Vuitton, o que faz do *lobby* (à direita) um lugar interessante para saber quem está comprando.

8 Jinyu Hutong, tel 8516 2888
www.beijing.peninsula.com

O restaurante Jing, no The Peninsula Beijing

HOTÉIS

China World Hotel
Nos anos 1990, o *foyer* vermelho e dourado (à esquerda) deste hotel era o *lobby* mais luxuoso da cidade. Outros vieram depois, mas, mesmo após a reforma de 2003, a incomparável atmosfera teatral foi mantida. Situado no interior do China World Trade Center, é o preferido dos dignitários e capitães de indústria. O centro de compras no piso inferior oferece algumas butiques típicas, enquanto os novos quartos nos andares superiores, como a Beijing Suite (acima), exibem arte asiática contemporânea. O salão de jantar remodelado é mais bonito que a maioria. O hotel e a Torre 1 foram construídos no final dos anos 1980 e, com suas curvas sutis e vidro fumê, são muito mais palatáveis do que outros que vieram depois.
1 Jianguomenwai Dajie, tel 6505 2266
www.shangri-la.com

Shangri-La Hotel

Aventure-se mais a oeste de Pequim e, apesar da aparência menos cosmopolita, você terá a sensação de que é aqui que tudo realmente acontece. E quem faz acontecer são os assessores políticos, os banqueiros, os barões da tecnologia e do mercado imobiliário e, claro, as celebridades. Este é mais um hotel que parece antigo por fora mas por dentro é novo em folha. Os quartos são confortáveis, e os de face leste têm vista para o Jardim do Bambu Púrpura.
O serviço de chá do *lobby lounge* (à direita) é oriental *vintage*; já o Cloud Nine Bar e seu complemento, o Shangai, são lugares para ver e ser visto à noite.
O Garden Terrace, com seus tanques de carpas *koi*, há muito tempo é palco de celebrações do Festival da Lua e refeições iluminadas por tochas.
29 Zizhuyuan Lu, tel 6841 2211
www.shangri-la.com

24 HORAS
O ESSENCIAL DE PEQUIM EM APENAS UM DIA

Pequim é uma cidade antiga cujos sítios históricos costumam ser muito mal explicados. É *avant-garde*, mas é muito difícil encontrar arte de vanguarda; e bastante politizada, embora os guias dêem a impressão de que o povo ainda não ousa falar em política (a tempo: fala, sim). O mais comum é os visitantes voltarem para casa entusiasmados com tanto capitalismo e tanta construção. Mas existem outras maneiras de penetrar além da superfície de Pequim.

Muna-se de um guia como o *That's Beijing* ou *City Weekend*, que são distribuídos gratuitamente. O melhor lugar para instruir-se é na livraria The Bookworm (Bloco 4, Nansanlitun Lu, tel 6586 9507). Depois, explore a cidade de bicicleta. Informe-se na recepção do hotel como e onde alugar uma – não pague mais que 50 iuans de aluguel, use capacete e tranque a bicicleta com cadeado ou prepare-se para perder o seu depósito. Vá para as universidades, onde os estudantes costumam se reunir para aprimorar a pronúncia do inglês. Ou então vá conferir o que fazem *les autres* de Pequim. Os muçulmanos se encontram na Niujie Libai Si Mosque (88 Niu Jie, tel 6353 2564), e os uigures em locais que já foram redutos exclusivos, como o Xinjiang Islam Restaurant (Palácio do Governo de Xinjiang, 7 Sanlitun Lu, tel 6833 5599).

Ou então assista à missa de domingo em uma igreja estatal. Na Dongtang (74 Wangfujing Dajie, tel 6524 0634), construída por jesuítas, e na Nantang (181 Qianmen Xidajie), os celebrantes convocam pessoas que falam inglês.

Veja os endereços em Informações.

10h Passeio pelos *hutongs*

Os *hutongs*, vielas estreitas ladeadas de blocos de residências ao redor de um pátio, aos poucos estão tomando o mesmo caminho das arcadas parisienses: vão desaparecer. Os urbanistas pretendiam preservar alguns bairros antigos dentro do 2º Anel Viário, mas as reformas se aceleraram em 2001, para as Olimpíadas. Porém preservação também pode significar estagnação: as relíquias são poupadas, as deterioradas moradias construídas com tijolos *pingfang* são esvaziadas. Para os desalojados, a palavra-chave não é conservação, mas indenização. Em Houhai, os *hutongs* do futuro são butiques, corredores de tijolos, agradáveis cafés. Experimente o Vineyard Café (tel 6402 7691), perto dos templos de Lama e Confúcio. Quianmen estava em obras. Um bom exemplo de revitalização é a área em torno do Templo Pudu.

11h30 Um giro pelas galerias
Para conferir o Big Bang da vanguarda, comece pela Comunidade Artística de Dashanzi (pág. 12). Mas, como os altos aluguéis e os ônibus repletos de turistas estão afastando os artistas, vá ao East End Art (tel 8096 5616), uma comunidade dividida em zonas que fica alguns quilômetros ao norte da cidade de Caochangdi. Não deixe de ver o mais novo espaço de Ai Weiwei, a Galerie Urs Meile (na foto, tel 6433 3393).

14h Café Sambal

Cho Chong Gee, empresário da culinária malásia, já tinha este elegante pátio quadrado com tijolos à vista antes de abrir o bar Bed (tel 8400 1554) a uma quadra de distância. Ele e a mulher estão abrindo outros dois espaços: um fresco e saudável restaurante cantonês com cozinha aberta, que se chamará Paper, e um novo Sambai Urban, extensão do Café Sambal, no condomínio Phoenix Towr. No Sambai, o simpático Gee sabe deixar os clientes à vontade. Um chef de Kuala Lampur comanda a cozinha. Para experimentar o caranguejo ao *curry* apimentado ou a lagosta ao molho *nyonya*, você terá que encomendar um dia antes. Não perca os *mojitos* de Gee – eles são sensacionais!
43 Doufuchi Hutong, tel 6400 4875

18h Houhai

Sete séculos atrás, os engenheiros dos *khans* interligaram os lagos conhecidos como Houhai ("Lagos Negros") com o Grande Canal. O distrito, que já foi a área de lazer preferida das elites na dinastia Ming (1368-1664), em épocas mais recentes ganhou um charme mais plebeu com os velhos que lá iam jogar xadrez e os estudantes que se encontravam para namorar. Hoje, em Houhai fervilham os *pubs*, excelentes para um drinque ao pôr-do-sol. O primeiro da fila foi o No Name Bar (pág. 45), aberto em 2000. Muitos outros bares menores se seguiram e, em meados de 2006, as autoridades decretaram o fechamento de cerca de sessenta deles às margens do lago. Os mais nostálgicos devem caminhar pela Yandai Xijie ou assistir a uma ópera popular em Gong Wang Fu ou na Prince Gong's Mansion (tel 6616 8149).

21h **My Humble House**

Para planejar seus restaurantes, My Humble House e House By The Park (tel 6530 7770), Andrew Tjioe convocou dois estúdios de *design* japoneses. O My Humble House atinge você bem já na entrada, com o sol refletido na água da piscina em frente ao bar (acima); mas não se deixe levar para o lado menos arejado. O cardápio, com opções chinesas e continentais, distancia-se curiosamente da gastronomia *fusion*, embora o bacalhau missô seja bem suave e a salada de pato com manga fatiada apresente um divino contraste entre doce e condimentado. O texto enigmático do cardápio traz a marca JinR, a diva da gastronomia que comanda a Green T House (pág. 46). Por exemplo, as iscas crocantes são apresentadas assim: "O coração fala, ouço-o tamborilar, que som adorável". *Beijing Oriental Plaza, 1 Dongchang'an Jie, tel 8518 8811, www.tunglok.com*

00h30 Rui Fu
Para os exaustos chineses, a noite de inauguração do Rui Fu talvez tenha sido o maior evento social de 2006. Seus carros eram recebidos por *valets* diante dos portões de uma decadente mansão que já foi o QG do homem forte do período republicano, Duan Qirui. Nessa noite ela recuperou parte de seu antigo esplendor por obra e graça de Henry Lee. O budista pró-Tibete é o príncipe negro da vida noturna de Pequim, e sua mulher, Sara, a feiticeira. Banhado em uma luminosidade da cor das uvas Zinfandel, o Rui Fu situa-se entre Holywood e Xangai colonial: um salão longo, branco-amarelado, estilo clube de campo, com salas privativas no piso inferior, solário e varanda na cobertura.
3 Zhangzi Zhonglu, tel 6404 2711

VIDA URBANA
CAFÉS, RESTAURANTES, BARES E CASAS NOTURNAS

Oficialmente, Pequim ainda está nos primeiros estágios do socialismo. Talvez por isso seus melhores estabelecimentos sejam apropriadamente mal-acabados. O Li Qun Roast Duck Restaurant (11 Beixiangfeng Hutong, tel 6705 5578) é uma espelunca famosa. Em Han Cang (15 Qianhai Dongyan, tel 6404 2259), as garçonetes são autoritárias. A vista do terraço do Grand Hotel (35 Dongchang'an Jie, tel 6513 7788) é o segredo mais bem guardado da cidade. O Brown's (Nansanlitun Lu/Gongti Beilu, tel 6592 3692) é o que há de melhor em Pequim em matéria de pub macho, mas os metrossexuais dão preferência ao Centro Bar & Lounge (pág. 22). Depois de fazer Jacarta, Bancoc e Xangai se ajoelharem a seus pés, o bar Face tem uma base nova em folha (26 Dongcaoyuan, Gongti Nanlu, tel 6551 6738).

Música ao vivo é um *must* em Pequim. O YuGong YiShan (1a Gongti Beilu, tel 6415 0687) apresenta roqueiros em ascensão, enquanto as bandas de vanguarda se exibem no 2 Kolegas (21 Liangmaqiao Lu, tel 8916 9197). O proprietário do D-22 (13 Chegfu Lu, tel 6265 3177) já recebia a banda Sonic Youth em sua primeira casa em Nova York e continua comprometido com os sons de vanguarda. O Hed Kandi Club (10 Dongsanhuan Beilu, tel 6590 9999) tem os melhores DJs, mas não a melhor localização. O *jet-set* chinês se encontra nos megaclubes Babyface (6 Gongti Xilu, tel 6551 9081) e Banana (22 Jianguomenwai Dajie, tel 6528 3636). Os insones costumam amanhecer no Maggie's Bar (Porta Sul, Parque Ritan, Guanghu Lu, tel 8562 8142).

Veja os endereços em Informações.

Qu Na'r?

Projetado por Ai Weiwei, que também é proprietário, junto com outros colegas do *design* mundial, este elegante reduto de artistas é um dos mais novos e menos espalhafatosos exemplos da tendência culinária que vem tomando conta da China nos últimos cinco anos: artistas famosos tornam-se *restaurateurs*, criam pequenos espaços para exibir trabalhos de amigos e adaptam ingredientes frescos de províncias distantes. Aqui se serve a culinária de Hangzhou à moda de Jinhua, e os ingredientes incluem carnes salgadas, inhame, raiz de lótus e brotos de bambu. Peça fígado de porco com folhas de *zong* ou algumas das receitas aromáticas de pato. Entre os cozidos, experimente a terrina de cogumelos. Tranqüilo e informal, é um excelente lugar para jantar depois de um dia cansativo pelas vilas de arte.
16 Dongsanhuan Beilu, tel 6508 1597

A21

Entre a crescente safra de locais artísticos que adaptam os acentuados sabores das províncias de Yunnan e Guizhou a sudoeste, o A21 é uma verdadeira zebra. Pertencente ao ator taiwanês Gao Mingjun fica meio fora de mão, mas continua atraindo os ricos e famosos ao seu espaço amplo e despretensioso. O interior é um pouco frio, mas as cortinas de contas que levam aos lavatórios e os detalhes coloridos diminuem a tendência minimalista. Dificilmente você se enganará na escolha do cardápio. Entre os pratos mais leves, o peixe grelhado com alho-poró é excelente, bem como a salada de folhas verdes. Quem prefere sabores mais acentuados deve pedir os camarões ao *curry*, que se destacam pelo tempero picante. As costelas de porco chegam frigindo da grelha, mas o garçom pode quebrá-las, se você quiser.
21 Beitucheng Donglu, tel 6489 5066

VIDA URBANA

Dao

O Templo Guangfu está imerso em um corredor escuro de Houhai. Durante a Revolução Cultural, a Guarda Vermelha saqueou todo o salão leste. Esta sala de jantar é a única remanescente de um santuário taoísta dos anos 1400. O taoísmo estava em voga na época, e Zu Yingying, influente eunuco da dinastia Ming, comprou a terra e ergueu o templo. Na cozinha minúscula, óleo, glutamato monossódico e pimentas fortes são usados com moderação. O *jin man tang* é um verdadeiro sonho: batatas amassadas com ragu de favas amarelas, acompanhadas de espigas de milho. As refeições são *prix fixe* a CNY119 por pessoa. As jarras aquecidas de *huangjui* (vinho amarelo), safra dos anos 1980, são cobradas à parte.
Guangfu Temple, 37 Yandai Xiejie,
tel 6404 2778

No Name Bar

O ex-violoncelista Bai Feng foi um dos pioneiros da revitalização dos "Lagos Negros", com este elegante e ajardinado café à moda de Hanói (acima), que abriu em 2000 ainda sem nome (daí o nome atual, "bar sem nome"). Até então as margens do lago eram tomadas por anúncios de cerveja e luzes de neon na popular Alameda Lotus. Mas Bai abriu o No Name Restaurant (tel 6618 6061) no *hutong* do outro lado da ponte. Seu interior é uma mistura surreal de Novo México, Ibiza e Atlântida. Os bancos na cobertura lembram um bar texano, embora você esteja rodeado por telhas de barro de uma cidade de oitocentos anos. A comida faz uma releitura dos sabores subtropicais das minorias tribais da província de Yunnan, no sudoeste. O peixe assado com erva-cidreira à *la* Dai é um presente.
3 Qianhai Dongyan, tel 6401 8541

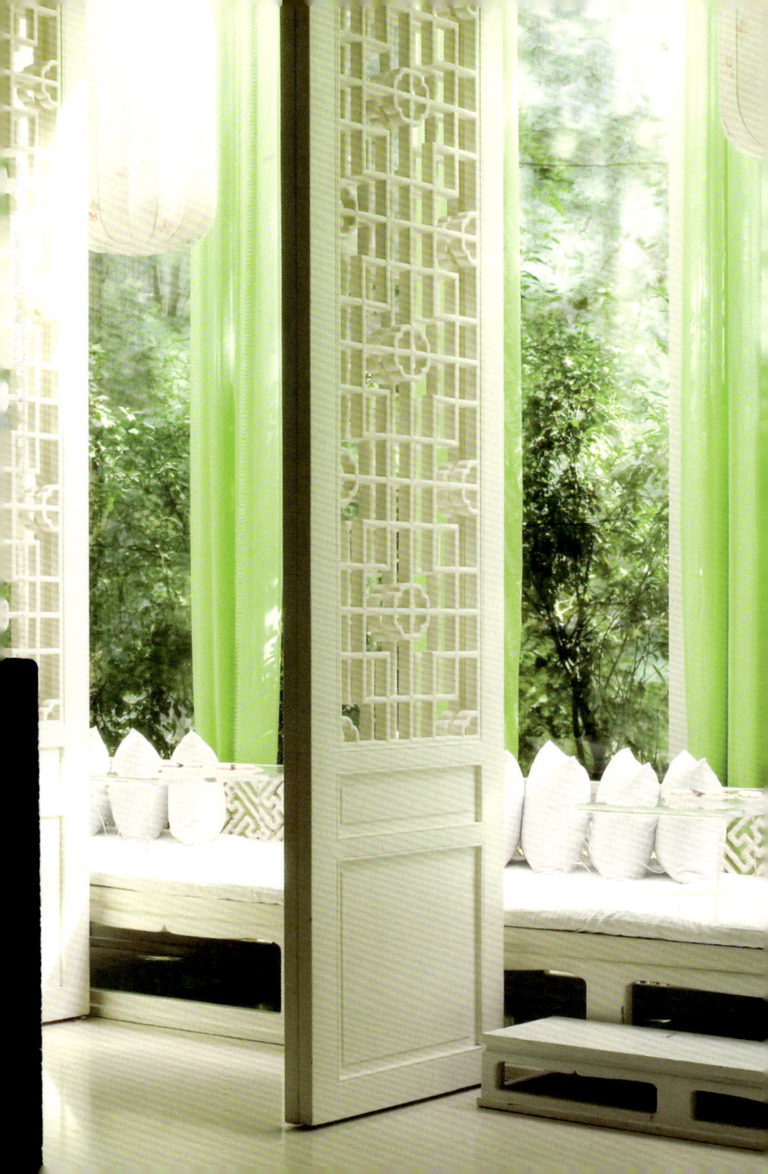

Green T House

De apenas uma ou duas mesas em Pequim a passagens aclamadas por Bangcoc e Nova York, Zhang Jinjie, a criadora do Green T House, encontrou fama no *design* austero e na culinária *fusion* básica servida a preços assustadores. Hoje, ela é simplesmente conhecida como JinR, e alguns a visitam para ver se tanta pose realmente vale a pena. O mais curioso é que, atualmente, ela é uma das mais ferrenhas defensoras da *wabi-sabi*, a estética japonesa da beleza pura. Sem cadeiras de espaldar alto, o Green T House (acima e à esquerda) era quase um vazio. O novo Green T House Living (tel 136 0113 7132), localizado nos subúrbios do leste, é mais um mausoléu: branco sobre branco durante o dia e ouro sobre negro à noite. *Gongti 100 Complex, 6 Gongti Xilu, tel 6552 8310, www.greenteahouse.com.cn*

Garden of Delights

Na época em que o arquiteto venezuelano Antonio Ochoa-Piccardo trabalhava na decoração do RBL (pág. 54), o proprietário disse a ele que possuía um corredor entre dois prédios e pretendia usá-lo. Assim surgiu este respeitado restaurante, que lembra um velho túnel de metrô. Os pratos *fusion* sul-americanos e as sobremesas arrasadoras são servidos com o vigor do expressionismo abstrato.
53 Dong'anmen Dajie, tel 5138 5688

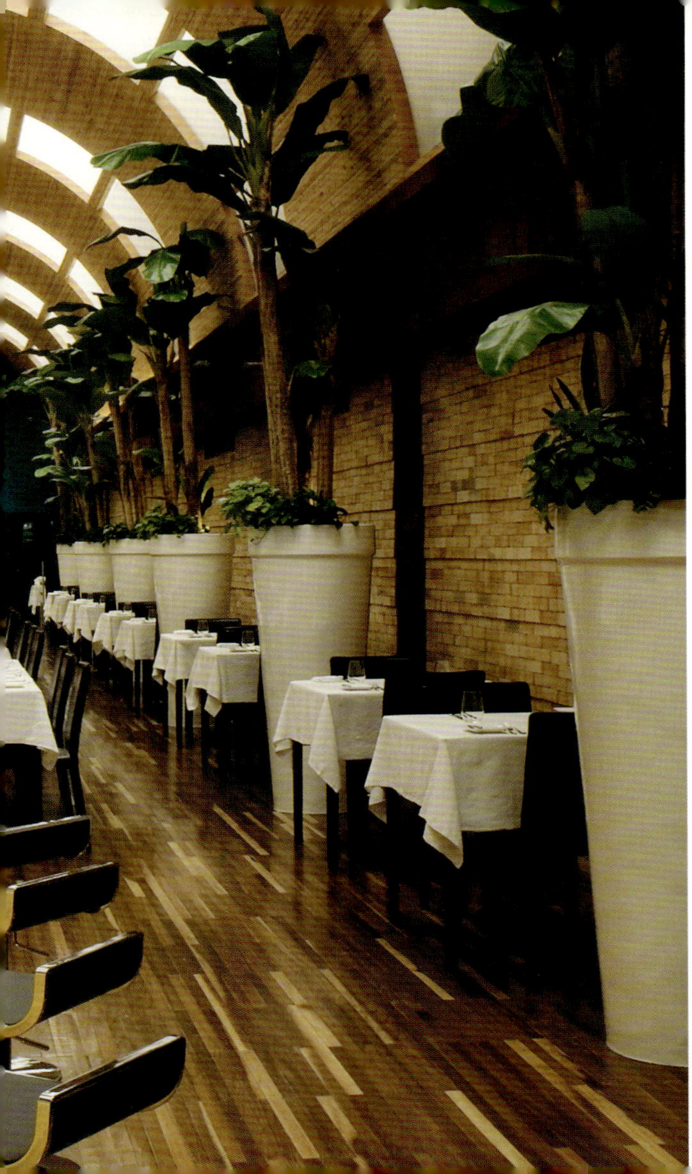

Le Quai

Partes de uma mansão centenária foram trazidas da província de Anhui para compor este espaço interessante com pilares tingidos de vermelho, escadas e vergas entalhadas. Le Quai oferece agradáveis *brunches* servidos ao lado do canal no pátio externo, e seus *dim sum* são responsáveis pela grande freqüência em seus chás da tarde.
Portão Leste, Estádio dos Trabalhadores, Gongti Beilu, tel 6551 1636

VIDA URBANA

Pure Lotus

A teoria budista do Lótus Puro prega o "desencanto através do encantamento". Os monges responsáveis por esta pequena experiência fetichista contemplaram esse princípio tanto na culinária quanto na decoração. O cardápio superdimensionado é temperado com *nuggets* de sabedoria: "A vida não está no corpo, mas na natureza de seu coração". Bebida alcoólica é um sacrilégio; em seu lugar, tônicos energéticos. A forte bebida chinesa *yam* pode devolver o vigor ao homem e equilibrar os níveis hormonais da mulher. O Pure Lotus também cultiva a arte de copiar pratos de carne com tofu. O apimentado cozido de peixe capta a textura friável do popularíssimo *shuiyu*.
10 Nongzhanguan Nanlu, tel 6592 3627

Zeta Bar

Embora a bandeira da marca se encontre no renovado Hilton de Park Lane, em Londres, o Zeta pretende repetir a mágica no Hilton Beijing. O amplo espaço, assinado pelo escritório Aedas de Hong Kong, seria facilmente confundido com o *foyer* de uma mansão em Bel-Air. As bebidas estão expostas em gaiolas, enquanto o mezanino é uma "vitrine" de VIPs. Os bancos do bar têm luzes. Tudo isso e mais a escada de vidro em espiral fazem do Zeta um lugar com mais classe, embora menos discreto, que seus concorrentes no mesmo hotel, o Centro Bar & Lounge (pág. 22) e o Redmoon (pág. 61). As bebidas são conservadoras e o *sommelier* leva os vinhos a sério.
1 Dong Fang, Dongsanhuan Beilu, tel 5865 5000, www1.hilton.com

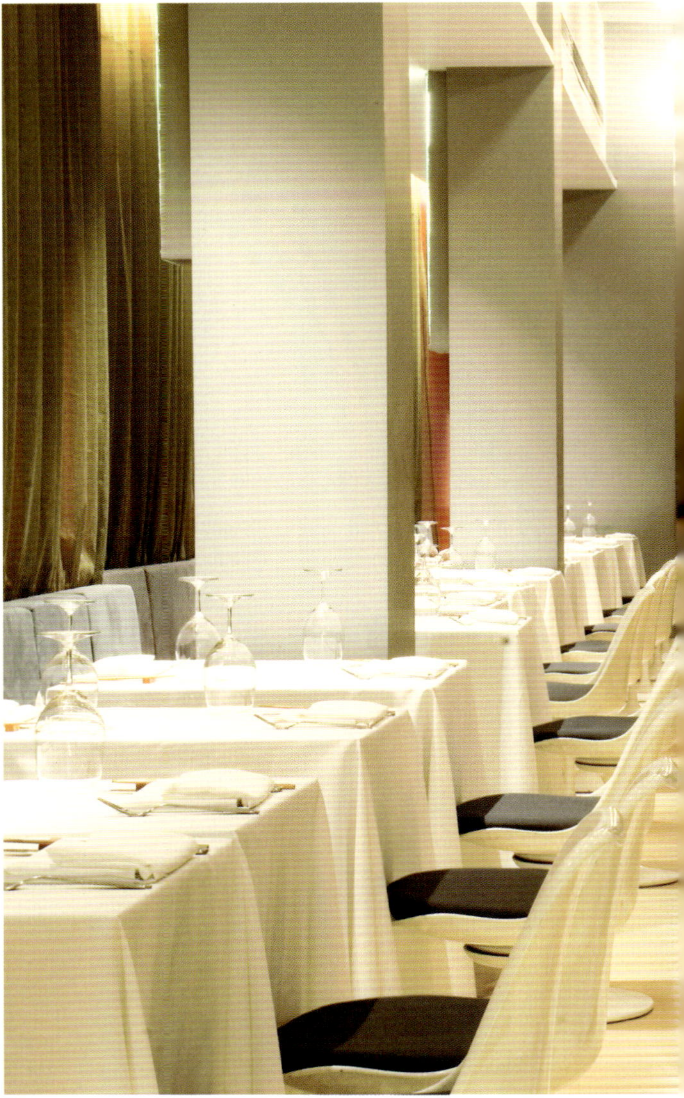

RBL

Na mesma quadra do The CourtYard (tel 6526 8883), seu primeiro projeto jantar-com-arte, Handel Lee importou este conceito tipicamente cosmopolita de restaurante/bar/*lounge*. Não tem sido fácil. Em um ano o bar e o restaurante já passaram por uma reforma completa. Agora, o *chef* está tentando adaptar a culinária japonesa *fusion* ao "gosto local".
53 Dong'anmen Dajie, tel 6522 1389

Stone Boat Cafe

Os editores da bíblia da vida noturna *That's Beijing* elegeram o Stone Bar o "Bar do Ano" em 2006. Poucos lugares são tão democráticos. De manhã, os chineses tomam chá de ervas e navegam pela internet sem fio; à tarde, os negociantes russos bebem cerveja e os pescadores conversam em volta do lago. À noite, o barco se transforma em um oásis no Ritan Park. Bandas locais tocam *jazz*, música popular e internacional no convés. No inverno, a cena é típica de Norman Rockwell: as crianças brincam no lago congelado enquanto os adultos tomam vinho quente e substanciosas sopas chinesas, servidos no café. Construído no início dos anos 1980, o barco de pedra é uma réplica de uma estrutura vista com freqüência nos jardins das mansões.
*West Gate, Ritan Park , Ritan Lu,
tel 6501 9986*

Lan Club

A rede de restaurantes South Beauty de Zhang Lan começou com um conceito simples: um espaço elegante para a burguesia ascendente de Pequim e uma culinária com o puro tempero de Sichuan. Hoje, Zhang e seu filho Danny Wang resolveram apostar alto no novo espaço, o Lan Club, o primeiro na capital, seduzindo ninguém menos que Philippe Starck. Com um andar inteiro nas torres gêmeas LG para trabalhar, Starck usou candelabros Boffi e folhas de vidro flutuantes apoiando vasos e garrafas. O bar de sushi e ostras tem incrustações de mármore e espelhos no estilo dos anos 1940, e as salas privativas são envolvidas por telas pintadas. O espaço de Starck atrairá milionários e metrossexuais por motivos diversos. E é aí que está toda a beleza.
LG Twin Tower, 4º andar, 12 Jianguomenwai Dajie, tel 5109 6012, www.lanbeijing.com

Lan Club

VIDA URBANA

Suzie Wong's

No alto da escada, um emaranhado de rostos vermelhos e pernas de bronze na "cama da concubina" da dinastia Ming dá a primeira pista: aqui, as pessoas namoram. Como no filme do qual o nome e o conceito foram extraídos, o Suzie Wong's causou sensação quando foi inaugurado em 2002. Os jovens bem-vestidos pareciam seduzidos pela quimera de um bordel de Hong Kong dos anos 1960, mas vale lembrar que muitos ocidentais encontram aqui a sua Suzie Wong na Pequim do século 21. Apesar de ter sido reformado recentemente, o lugar ainda é uma instituição na noite de Pequim. Os corpos se estendem languidamente no *lounge*, a pista de dança pulsa um *techno* chinês e o terraço é excelente para se refrescar e usar o telefone celular.

1a Nongzhanguan Nanlu, tel 6593 6049

Redmoon

Com painéis de madeira como divisórias, iluminação indireta e clientes endinheirados circulando pelo longo bar retangular, o Redmoon lembra uma cena em câmara lenta de um filme *noir* ambientado em Hong Kong. É um lugar para amantes, com poltronas em cantos escuros que convidam às carícias. O bar serve *sushis* e oferece coquetéis com nomes *sexy*. O único senão é a música ao vivo. Sons estridentes são produzidos por instrumentos de corda chineses e moças com as pernas liberadas por entre as profundas fendas de seus *cheongsams* embalam os clássicos do caraoquê como "Hotel California" e "Sweet Child O'Mine". O esforço delas é constrangedor. Por sorte, como o espaço é grande, é possível ficar longe disso.
Grand Hyatt Hotel, 1 Dongchang'an Dajie, tel 8518 1234, www.beijing.grand.hyatt.com

SUGESTÕES DE QUEM ESTÁ POR DENTRO

JENNIFER QIU, EXECUTIVA DE RP

Pequim é a sua cidade, mas Jennifer Qiu levou anos para aprender a amá-la. Ela estudou comércio internacional e *marketing* em Zurique. Quando voltava para casa, seus amigos a levavam aos lugares de sempre, como o Boys & Girls Club (68 Sanlitun Lu). Ao retornar definitivamente, em 2003, Qiu estava sem trabalho, e Pequim, paralisada por uma epidemia de pneumonia. Mas foi quando ela começou a absorver a cidade. "Hoje são tantos os lugares", ela diz. "Eu realmente amo Pequim."

Seu preferido é o Rui Fu (pág. 39), cujos donos Henry e Sally são seus amigos. Como também o é Hanbdel Lee, dono da Icehouse, logo abaixo do RBL (pág. 54), aonde ela vai para ouvir *blues*. Para encontrar pessoas, o Stone Boat Cafe (pág. 56) "é diferente de qualquer outro lugar", garante Qiu. Ela encontra tudo o que precisa na livraria Timezone 8 Editions (pág. 76), na Dashanzi Art Zone (pág. 12). Qiu diz que gosta de "beliscar", e por isso freqüenta The CourtYard (95 Donghuamen Dajie, tel 6526 8883). "Eles servem em Pequim uma *fusion* moderna", explica. E, para se manter saudável, opta pelos tratamentos do spa Dragonfly (60 Donghuamen Dajie, tel 6527 9368). Tal como outros pequineses autênticos, Qiu jamais voltou realmente para casa: o bairro de sua infância desapareceu há muito tempo. "Há muitas coisas necessárias em Pequim, como novas ruas, mas é muito triste ver tudo destruído", lamenta.

Veja os endereços em Informações.

VIDA URBANA

ARQUITOUR
UM PASSEIO PELAS CONSTRUÇÕES MAIS MARCANTES

A esquizofrênica história da China nos últimos cem anos se reflete em sua arquitetura. Para sua infelicidade, Pequim tem sido campo de provas na busca de uma moderna identidade estilística chinesa.

A atração pelo moderno começou em meio aos confrontos civis do início do século 20. Construções imponentes ganharam características neoclássicas, como vigas e beirais, dos quais só uns poucos arquétipos sobreviveram, como os prédios do *campus* da Universidade de Pequim e o Hospital da Faculdade de Medicina de Pequim (1 Shuaifuyuan). Outro período de grande criatividade foi o final dos anos 1950, quando o 10º aniversário da República Popular da China resultou no Grande Salão do Povo (lado oeste da Praça Tiananmen, tel 6608 4144), no Planetário de Pequim (138 Xizhimenwai Dajie, tel 6825 2453), na Biblioteca Nacional da China (33 Zhongguancun Nandajie, tel 8854 4114) e no Estádio dos Trabalhadores (Gongti Beilu, tel 6501 6655). Depois disso, seguiram-se décadas de habitações coletivas inacabadas.

No final dos anos 1980, o Partido Comunista assumiu novo *modus operandi*: 'economia de mercado com características socialistas". Estruturas pós-modernas com telhados imperiais e pagodes ornamentais começaram a aparecer. Mais recentemente, as autoridades buscaram os arquitetos chineses formados no Ocidente para construir a China Olímpica. Apesar desse futurismo peculiar sofrer cortes e atrasos, excetuando-se o complexo residencial Linked Hybrid em Dongzhimen, de Steven Holl, o espetáculo continua, mais frenético que nunca.

Veja os endereços em Informações.

Estádio Olímpico

Os conquistadores mongóis puseram a Porta Norte mais ou menos aqui. Sete séculos depois, os suíços Herzog & De Meuron apresentaram a proposta do "ninho de pássaro" para o estádio, em parte por sugestão do artista conceitual Ai Weiwei, de Pequim. E logo caíram na armadilha da enrolada política chinesa para a arquitetura. Em 2004, após o desmoronamento de um terminal do aeroporto de Paris, a obra passou por uma auditoria de segurança. Depois, inconformados pela falta de relação do "ninho" com a China, os planejadores começaram a cortar verbas. Assim, o teto retrátil do estádio de 91 mil lugares foi engavetado. Mas houve algum erro no cálculo oficial e a economia foi de menos de 10% do orçamento. Agora, é torcer para que não chova.
Olympic Green, tel 6669 9185,
www.en.beijing2008.cn

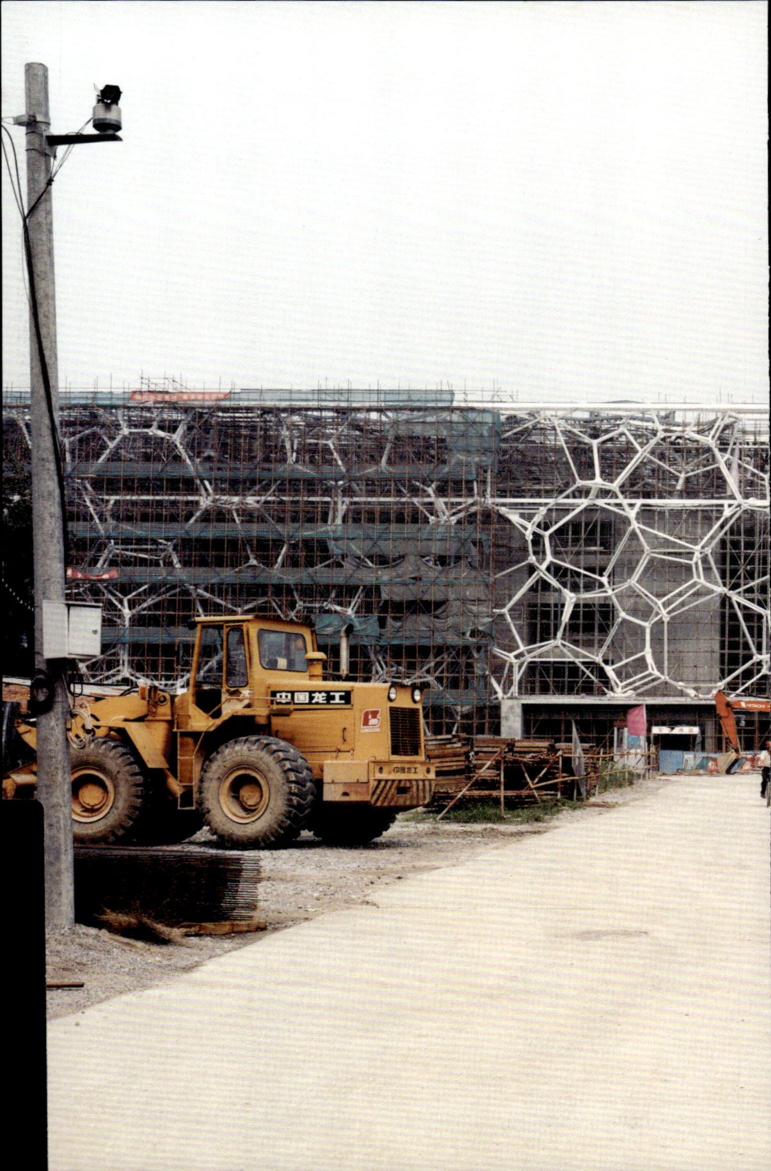
中国龙工

ARQUITOUR

Complexo Aquático Nacional
Com a pretensão de construir um dos complexos mais espetaculares das Olimpíadas de 2008, os arquitetos australianos da PTW e os engenheiros da Arup criaram esta fantástica construção apelidada de "O Cubo de Água". Inspirada em bolhas e células orgânicas, terá cinco piscinas – uma com máquina de ondas –, 17 mil lugares e aquecimento solar.
Olympic Green, tel 6669 9185,
www.en.beijing2008.cn

Celeiro Imperial

O chamado "Xintiandi" de Pequim leva o nome da arcada turística de Xangai. Mas se o Xintiandi original foi engendrado nas réplicas de *shikumen* da antiga Xangai, este complexo reutiliza a metade dos antigos celeiros dos imperadores da dinastia Ming (o resto é novo). Como os planejadores da cidade queriam preservar a aparência agrária e priorizar os pedestres, reservaram apenas duas áreas de estacionamento em cada unidade. Talvez por isso as lojas e restaurantes de maior peso ainda não tenham se instalado aqui, e os que estão não chegam a impressionar. Ainda assim, os *yuppies* lotam o Noble Family (tel 5879 3179) e o Rain Club (tel 6409 6922), enquanto a Galeria de Arte Xin Beijing se volta para o futuro. Por enquanto, o Celeiro Imperial apenas reforça a impressão de que o centro de Pequim poderia ser muito mais charmoso, mas não é.
22 Dongsi Shitiao

ARQUITOUR

Torre de Vigia de Dongbianmen
Quando, em 2002, a cidade escavou um muro da dinastia Ming enterrado ao lado desta torre, um quarteirão de casas velhas foi derrubado, e milhares de tijolos originais, recuperados. O Parque Municipal de Ruínas da Dinastia Ming (tel 6527 0574) foi devidamente construído no lugar. Iluminada, a torre de vigia constitui uma bela paisagem noturna. Visite também a Red Gate Gallery, em seu interior.
Jianguomen Beidajie

ARQUITOUR

COMPRAS
LOJAS SELECIONADAS E O QUE COMPRAR

Tempos atrás, as únicas coisas que valia a pena comprar em Pequim eram encontradas na meca do lixo produzido em série, o mercado de pulgas, onde o migrante *getihu* (pequeno empresário) fazia qualquer negócio. Felizmente, isso mudou quando o mal-afamado bazar de produtos de marca falsificados Rua da Seda foi para um espaço fechado (Xiushui Dongjie). Mas a China "barata de fato" está em Hongqiao (Tiantan Donglu, tel 6713 3354), onde os verdadeiros achados incluem as pérolas de água doce coloridas. Há ainda a Feira de Antiguidades de Panjiayuan (Panjiayuan Lu, tel 6775 3354), onde a palavra "antiguidade" está por toda parte. No andar superior você encontrará pôsteres de propaganda política e filmes da década de 1980. Os equipamentos asiáticos baratos estão em Sanlitun, nos mercados de Yashow, 3.3 e Nali.

Os consumidores mais exigentes irão a Qianmen, onde estão as "marcas veneráveis" ou *lao zihao*. Para comprar seda, visite Qianxiangyi (5 Zhubaoshi Jie, tel 6301 6658) ou Ruifuxiang (5 Dazhalan Xijie, tel 6525 0764). Os melhores chinelos de algodão estão na Neiliansheng Shoe Shop (34 Dazhalan Jie, tel 6301 4683), e as pílulas revitalizadoras, na Farmácia Tongrentang (24 Dazhalan Jie, tel 6303 1155). Encontrar móveis antigos genuínos é difícil. A Peace Art Co (Porta Sul, Parque Ritan, 17 Guanghua Lu, tel 8562 2680) é um dos poucos espaços no centro com itens bem descritos de todas as dinastias. Ou, se quiser uma aventura, alugue um carro, vá até as cidades de Shibalidian e Gaobeidian e passe o dia entrando de quintal em quintal.

Veja os endereços em Informações.

Yin Shu

O mercado de pérolas de Pequim poderia jamais ter existido. Na Comunidade Artística de Dashanzi (pág. 12), escondida nas tranças da arte e do comércio, a Yin Shu é uma dessas butiques da Zona Leste de onde brotam as idéias. Conchas, prata, cristal e pedras preciosas se combinam para criar brincos, gargantilhas e talismãs. A *designer* da loja é uma galerista e escultora de Sichuan, uma das províncias mais românticas e artísticas da China. Como outros joalheiros locais, ela transformou um *hobby* em profissão. Suas criações acentuam a as criações da vizinha EA West Fashion, a marca de Guangzhou que faz roupas de noite sofisticadas em cores inusitadas.

Zona A nº 11, Comunidade Artística de Dashanzi, 2 Jiuzianquiao Lu, tel 6437 3432

Cerâmicas Spin
Criado por mestres ceramistas de Hong Kong e Jingdezhen, este legendário celeiro de porcelanas Spin evoca uma estética que tem sua origem na natureza: vasos berinjela com esmalte vermelho escorrido, conjuntos de chá e saquê com textura parecendo tofu moído. Menos atraentes que as peças só mesmo os preços baixos.
6 Fangyuan Xilu, tel 6437 8649

075

COMPRAS

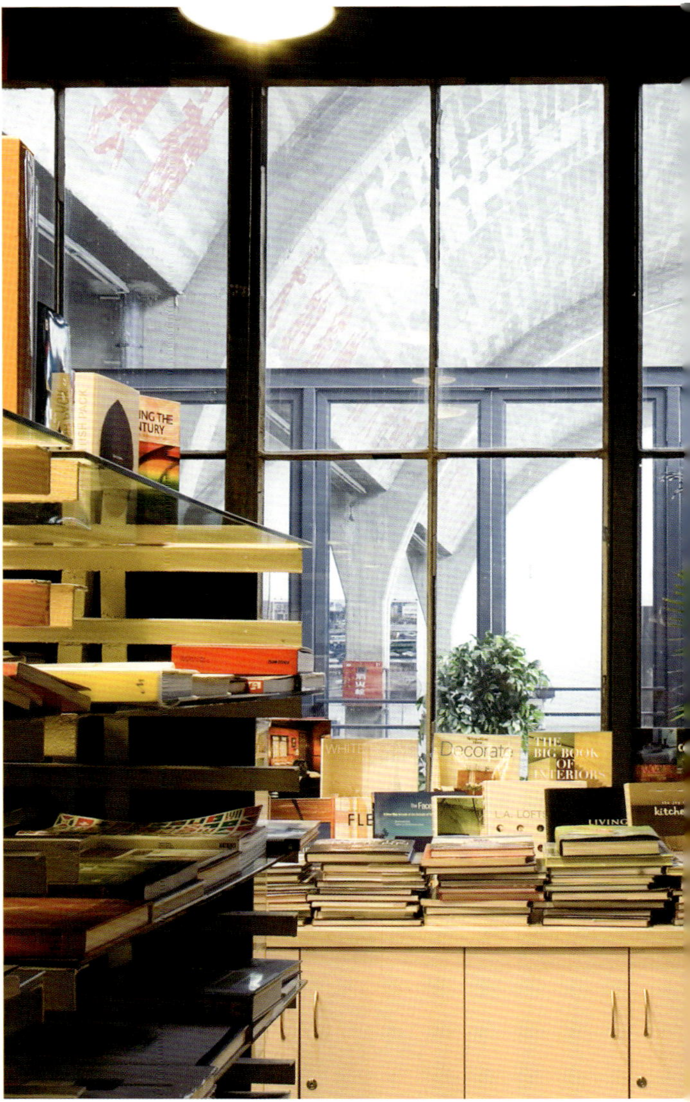
Decorate
THE BIG BOOK OF INTERIORS
LIVING

Timezone 8 Editions

A arte contemporânea chinesa teve como um de seus primeiros promotores o texano Robert Bernell, que criou a respeitada e-zine Chinese-art.com no final dos anos 1990, e logo depois a editora Timezone 8 Art Books. A livraria de Bernell (à esquerda) encontrou seu espaço no epicentro do cenário emergente – o 798 de Pequim. Ocupando a cantina da antiga fábrica, o espaço arejado desenhado pelos arquitetos Maty-Ann Ray e Robert Mangurian oferece títulos impressionantes sobre artes visuais chinesas, entre eles as publicações em inglês da própria Timezone 8, que cobrem arte, arquitetura, fotografia e *design*. A arte popular pode ter se distanciado do 798, mas a loja da Timezone 8 continua sendo um centro de palestras, lançamentos de livros e exibições de filmes em inglês e chinês.
*4 Jiuxianqiao Lu, tel 8456 0336
www.timezone8.com*

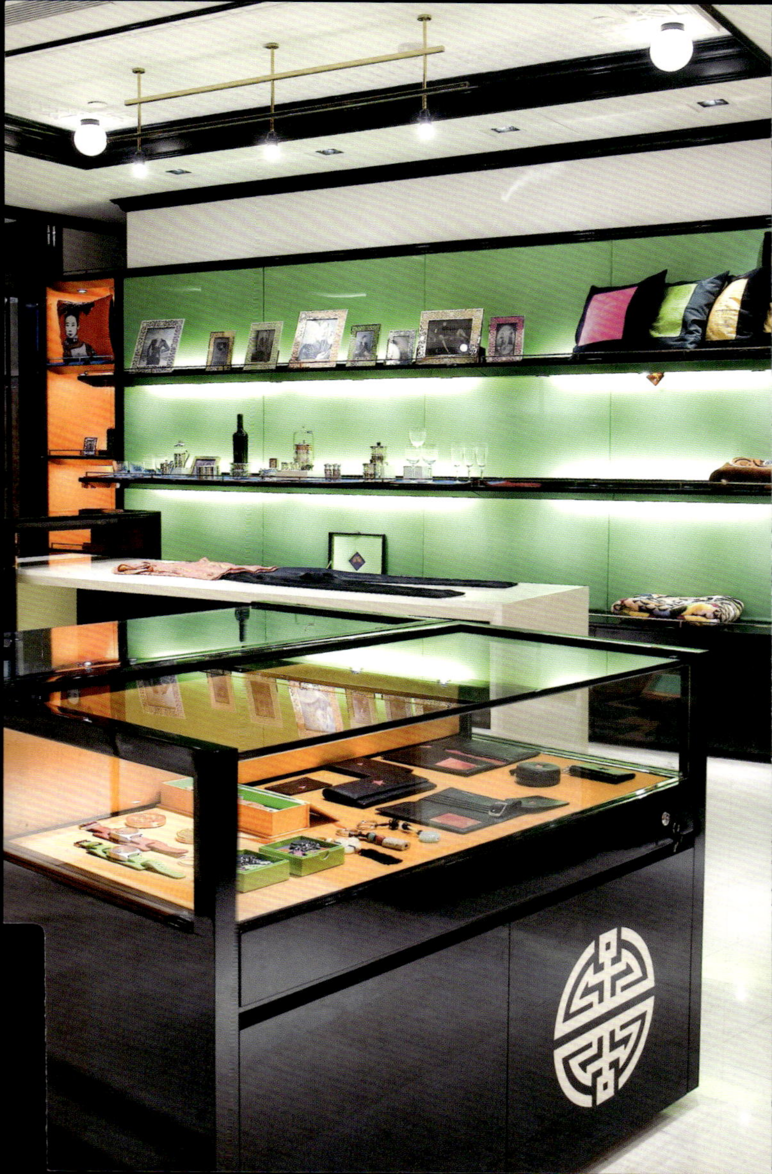

Shanghai Tang

Existem lojas Shanghai Tang em Nova York, Paris ou Londres, mas muitos produtos só são encontrados nas filiais chinesas: três em Xangai, quatro em Hong Kong, entre elas o carro-chefe no Pedder Building, e a butique de Pequim (à esquerda) no Grand Hyatt. Recentemente, a marca uniu-se à Schoeni Art Gallery de Hong Kong e a um grupo de jovens artistas chineses para produzir uma tiragem limitada dos produtos "Beyond the Canvas" (à venda em Hong Kong). Na loja de Pequim, confira os objetos de uso doméstico, como esta jarra de chá de *"new déco"* (acima), a CNY 1.220, os acessórios, as jaquetas bordadas exclusivas da marca, os vestidos de *jacquard* e os casacos tricotados à mão.
Loja 3-5, Grand Hyatt, 1 Dongchang'an Jie, tel 8518 0898, www.shanghaitang.com

080

Liu Zaiping

Causa um efeito quase alucinógeno a complexa sucessão de cores e padrões das bolsas de couro, carteiras e objetos decorativos vendidos aqui. As bolsas sem alça vêm com buracos para os dedos e as pastas angulares carregam *laptops*. A filha da *designer* fez um filme sobre a família chamado *Oxhide*.
NB112, Basement 1, China World Shopping Mall, 1 Jianguomenwai Dajie, tel 6505 8533

The Orchard
Para muitos, os fins de semana nos subúrbios costumam incluir The Orchard. Realização do sonho de uma americana da Virgínia Ocidental e seu marido chinês, este chalé no campo é um tratado surreal sobre as divisões da área rural de Pequim. Os estrangeiros vêm em busca do bufê servido no restaurante nos fins de semana, muito melhor que os dos melhores hotéis. Depois do *brunch*, podem dar um passeio pelo jardim antes de ir para a loja. A população local produz as mesas de madeira, as escrivaninhas e caixas para tabaco, porta-velas de ferro batido e geléias caseiras. A loja tem também sabonetes artesanais, jóias, fotografias, suéteres e meias tricotados pelas mulheres pobres do interior, que recebem parte dos lucros.
Sunhe Market, Jingshun Lu, Shunyi, tel 6433 6270

COMPRAS

BEIJING 2000

Plastered T-shirts

O próprio dono admite: alguém tinha que fazer. O londrino Dominic Johnson-Hill, que mora em um *hutong*, está estampando a iconografia cotidiana da moderna Pequim, pública e comercial, para jovens milionários e viajantes. A Plastered T-shirts veio preencher um vazio no nicho alternativo das onipresentes roupas comemorativas dos Jogos de 2008. Se Pequim esconde o logo internacional dos Jogos mais do que qualquer outra coisa em sua história, um inglês resolveu cutucar alguns motivos clássicos da cidade. As estampas das camisetas incluem o sabonete Goldfish, a cerveja Yanjing, bilhetes de metrô e uma pitada surreal: os decalques dos anos 1970 de moças de biquíni para os balneários de... Pequim. Custam em torno de 88 CNY.
61 Nanluogu Xiang, tel 134 8884 8855
www.plastered.com.cn

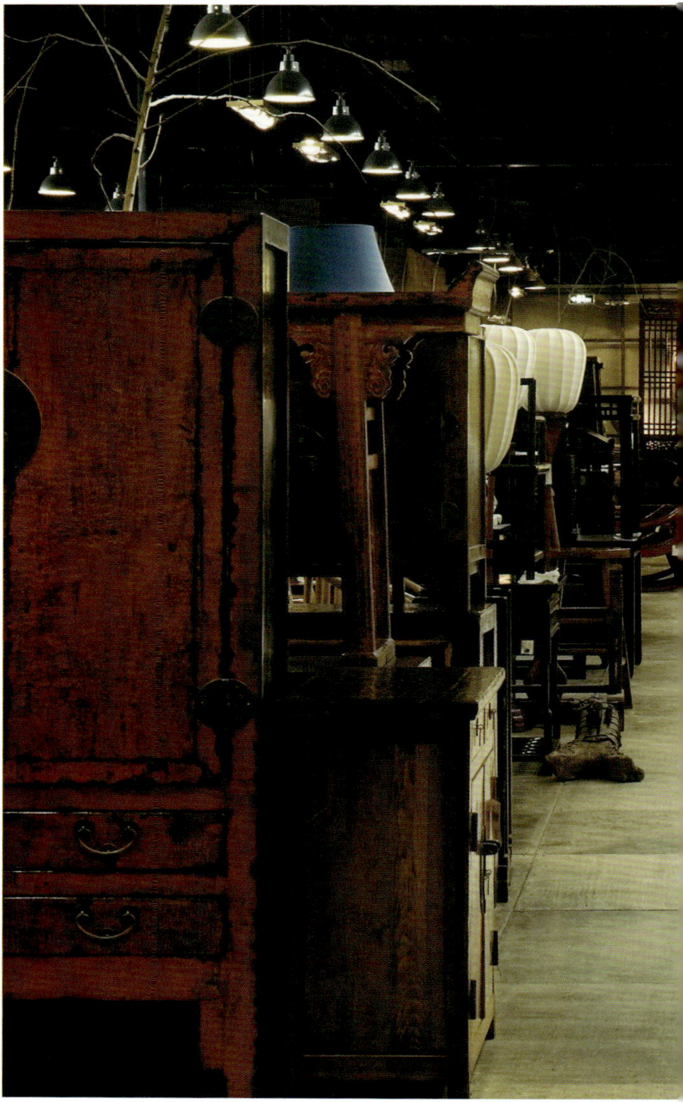

Lee & Lee Antique Furniture

Os principais fornecedores de objetos decorativos de Pequim costumam ocupar imensos espaços. Já que quanto maior, melhor, a Lee & Lee tem nada menos que um *showroom* de 5.000m². O mobiliário é composto de acessórios como abajures em forma de orquídeas. As sugestões para presentes são inúmeras: porta-retratos de argila, almofadas bordadas à mão e cestas laqueadas.
Curios City Antique Furniture Market, 519 Fenzhongsi, tel 6764 2214
www.leeandlee.cn

ESPORTES E SPAS
EXERCITE-SE, RELAXE OU APENAS ASSISTA

Será mesmo que está mais fácil respirar em Pequim? As autoridades dizem que sim. Com base nos dados registrados pelos controladores ambientais que mediram os índices de poluição em 84 cidades (consulte english.sepa.gov.cn), a cidade tinha 234 dias de "ar limpo" em 2005 contra menos de 100 em 1998. Mas suspeita-se que os critérios usados nessa medição tenham sido muito tolerantes, o que torna a comparação mais opaca que a própria atmosfera. Uma coisa que mudou foi a causa da poluição. A fumaça das fábricas pode ter sido controlada, mas o tráfego de veículos aumenta diariamente, enquanto a prática de demolir casas e prédios velhos para erguer novos aumenta a olhos vistos. Portanto, para cada dia de céu azul, há pelo menos dois dias enfumaçados. Os fumantes costumam dizer que o vício ajuda seus pulmões a "se adaptar".

As melhores horas para andar pelas ruas planas são as da madrugada, na estreita faixa de tempo em que os carros param de circular e os varredores de rua ainda não recomeçaram a levantar poeira. Os parques da cidade oferecem o cenário, mas não são suficientemente grandes para evitar que o corredor fique dando voltas. Correr 4 ou 5km no plano Houhai (pág. 37) é uma boa opção antes do meio-dia, e caminhar é a melhor maneira de ver o Palácio de Verão (Yiheyuan Lu, tel 6288 1144) e as universidades de Pequim e Tsinghua. Já não há mais mesas públicas de pingue-pongue nas ruas, mas você pode ir a Hepingli, no 3º Anel Viário Norte. Os novos estúdios de ioga funcionam quase diariamente. Experimente o Yoga Yard (17 Gongti Beilu, tel 6413 0774).
Veja os endereços em Informações.

Escola Milun de Kung Fu Tradicional

Os aparelhos de ginástica estão em todos os parques, mas, para aprender os veneráveis movimentos do *kung fu* é preciso cultivar uma ligação com um mestre. A Escola Milun costuma receber estrangeiros faixas-pretas e novatos. A escola ocupa um complexo com dois pátios em Wangfujing, mas os instrutores também dão aulas particulares no Parque Ritan. O centro enfatiza o equilíbrio entre os aspectos defensivo e filosófico das artes marciais. Os cursos abordam vários estilos do *kung fu*, entre eles Shaolin e Sanda (*kickbox* chinês). O mestre Zhang Shengli, que dirige a Milun, também atua na Academia de Polícia de Pequim.
33 Xitangzi Hutong, tel 139 1081 1934
www.kungfuinchina.com

Zenspa

Este spa é a nova joia do distrito de materiais de construção da cidade. Seu pátio *feng shui* tem recantos de água corrente, fontes iluminadas com orquídeas flutuantes e coroas de luz. Os quartos, infelizmente, enfatizam menos o luxo. O Zenspa leva a sério o tratamento clínico. Aparentemente, seus terapeutas foram muito longe para estudar e trouxeram muitos diplomas para pendurar na sala de espera. Talvez por isso o pacote Detox de 4 ½ horas deixe você se sentindo como novo. Isso inclui esfoliação com água salgada, banho de ervas, massagem aromaterapêutica corporal e facial. Tudo isso não sai por menos que CY 2.000, embora eles às vezes ofereçam pacotes de descontos.
House 1, 8a Xiaowuji Lu, tel 8731 2530
www.zenspa.com.cn

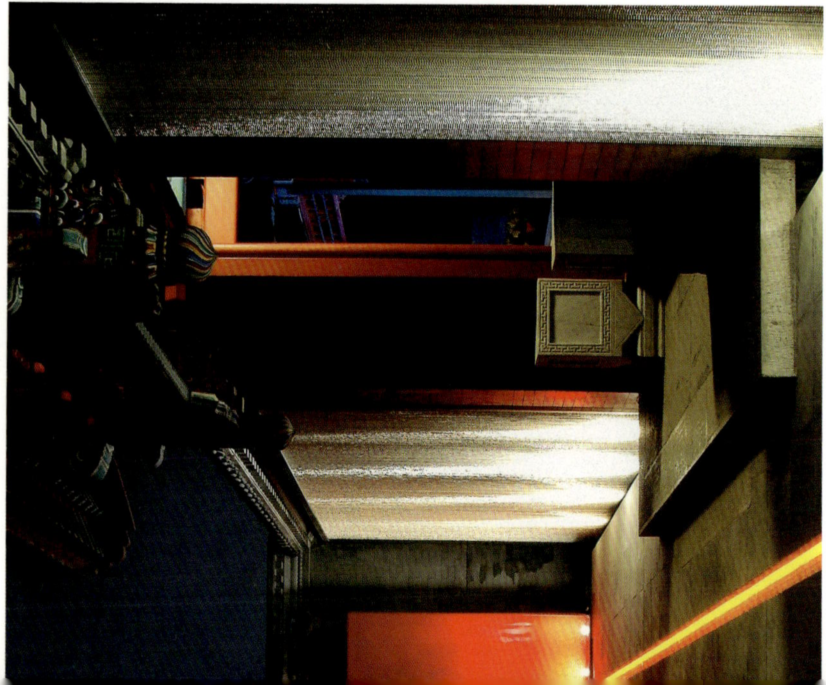

Red Capital Ranch by the Wall

Segundo a literatura promocional, o governante Kangxi da dinastia Ming disse: "Só estando além da Grande Muralha é que o ar e o solo podem refrescar o espírito... É preciso vestir casaco de pele de manhã, mesmo que em Pequim esteja tão quente que você hesite em permitir que os eunucos tirem as consortes dos palácios para recebê-lo em seu retorno". Sim, as elites do Partido Comunista viviam bem, mas os imperadores viviam melhor ainda. É assim que Lawrence Brahm justifica seu rancho (veja também Red Capital Residence, pág. 20). Este eco-retiro a 90 minutos de Pequim merece todos os elogios por seus chalés e spa. Com acesso exclusivo à Grande Muralha, também se propõe a afastar a ameaça do turismo.
28 Vila de Xiaguandi, Comarca de Yanxi, Distrito de Huairou, tel 84 01 8886
www.redcapitalclub.com.cn

Oriental Taipan Massage & Spa

Em apenas poucos anos, o Taipan se transformou em um luxuoso centro de reflexologia. Nesse nível de classe e qualidade de serviço, são raras as opções tão baratas ou convenientes quanto esta. Em seu internacional Club Shop (acima) e nas outras três instalações, um batalhão de atendentes descalças, com aventais de linho, o esperam em fila com bacias de água. Nos 90 minutos que se seguem, elas esfregam seus nós corporais. Depois, seu apetite por ser aplacado com *rousong* (carne de porco desidratada), pãezinhos de abacaxi e sucos frescos. Pertencente a um casal de empresários de Hong Kong, os quatro Oriental Taipan oferecem massagens, tratamentos com pedras quentes, aromaterapia e o prazeroso tratamento de vela auricular.
Sunjoy Mansion, 6 Ritan Lu, tel 6502 5722
www.taipan.com.cn

Grand Hyatt Club Oasis
Atualmente o maior hotel da cidade, o Grand Hyatt tem um centro de *fitness* 24 horas e uma extensa piscina de 55m com música subaquática. A decoração tropical lembra uma praia de Balí sob a Via Láctea em um "céu virtual". Reabasteça corpo e alma mergulhando na piscina do spa de inspiração zen (na foto).
1 Dongchang'an Jie, tel 8518 1234
www.beijing.grand.hyatt.com

ESPORTES

REFÚGIOS
AONDE IR PARA DAR UM TEMPO DA CIDADE

"Se você não foi à Grande Muralha, não é homem de verdade", afirmou Mao certa vez. De fato, pontos turísticos como Badaling são para os mais fracos. Já as montanhas, os templos, os túmulos e as ruínas que cercam Pequim têm arrastado nos últimos anos hordas de valentes guerreiros de fim de semana em missões de reconhecimento. Entre as muitas associações que promovem essas expedições estão os Beijing Hikers (tel 139 1002 5516), o Beijing Amblers (tel 131 5432 1041) e o Mountain Bikers of Beijing (tel 131 6129 8360), que organiza passeios às pacíficas Xiangshan ou Montanhas Perfumadas (pág. 102).

Entretanto, a maior atração da Grande Pequim é sua história. O Museu Zhoukoudian (Distrito de Fangshan, tel 6930 1272) recua cerca de 500 mil anos até nosso início evolucionário, com o Homem de Pequim. Avançando para a dinastia Ming, visite as tumbas na Grande Muralha (ao lado) ou faça um piquenique e acampe nas habitações de pedra de quatrocentos anos de idade. Quatro horas de trem adiante de Pequim está Chengde, o refúgio dos grandes imperadores da dinastia Qing: "o Palácio de Verão em esteróides". Todas as elites do Partido Comunista, até a atual administração, cumpriram um antigo ritual viajando a Beidaihe. Recomendamos hospedar-se em Shanhaiguan, a uma hora de distância, onde a Grande Muralha encontra o mar.

Veja os endereços em Informações.

Túmulos Ming, A Grande Muralha

Em séculos mais recentes, um clube seleto, dos imperiais Filhos do Céu aos "pequenos imperadores", deixou sua marca nas montanhas que cercam Pequim. Nas montanhas de Yanshan, 1 hora a noroeste da cidade, os imperadores Ming encontraram o sereno repouso em Shisanling (Treze Tumbas); seus conquistadores Qing entraram na vida eterna em cemitérios protegidos. Daqui, vá para a Grande Muralha Flor Amarela. A alvenaria esfacelável da dinastia Ming termina no alto de um reservatório. Suba com cuidado: as casas de veraneio da nova elite estão embaixo. Procure a piscina com deque de Jeffrey Li, filho do ex-líder Li Ruihuan. Termine a viagem no hotel Commune by the Great Wall (tel 8118 1888). A Bamboo Wall Teahouse do hotel (acima) e as mansões (ver Cantilever House, no verso) renderam vários prêmios aos criadores do Soho chinês.

Cantilever House, Commune by the Great Wall

REFÚGIOS

100

Comunidade Artística de Song Zhuang

As mansões ao norte e a leste de Pequim foram tão importantes para o cenário das artes chinesas quanto os subúrbios parisienses para os impressionistas. Mas nenhuma possui as dimensões, a popularidade e a durabilidade de Song Zhuang, a leste do centro. Quando a comunidade começou a se formar em meados de 1990, os artistas contrários ao sistema viviam se mudando para escapar da polícia. Mas o mundo dá muitas voltas, e hoje o próprio governo financia o Festival de Arte e Cultura de Song Zhuang. Entre os antigos moradores estão o dublê Zhang Huan e os *pop stars* Yue Minjun e Fang Lijun. Hoje moram aqui uns trezentos artistas. Há um grande número de galerias no local, mas não se pode deixar de citar a Artist Village Gallery (na foto, tel 6959 8343), um dos maiores espaços para exposições.

Xiangshan

Os moradores de Pequim adoram percorrer de bicicleta os caminhos das montanhas Xiangshan (que significa "Montanhas Perfumadas") até o pico, para ver a cidade do alto envolvida pela poluição. Eles vêem também a antiga residência de Mao e o Templo das Nuvens Azuis. O Fragrant Hills Hotel de I. M. Pei também está aqui. Em vez de hospedar-se aqui, alugue uma bicicleta e pedale 20km montanha acima para descansar no espetacular Sculpting in Time Café (tel 8529 0040).

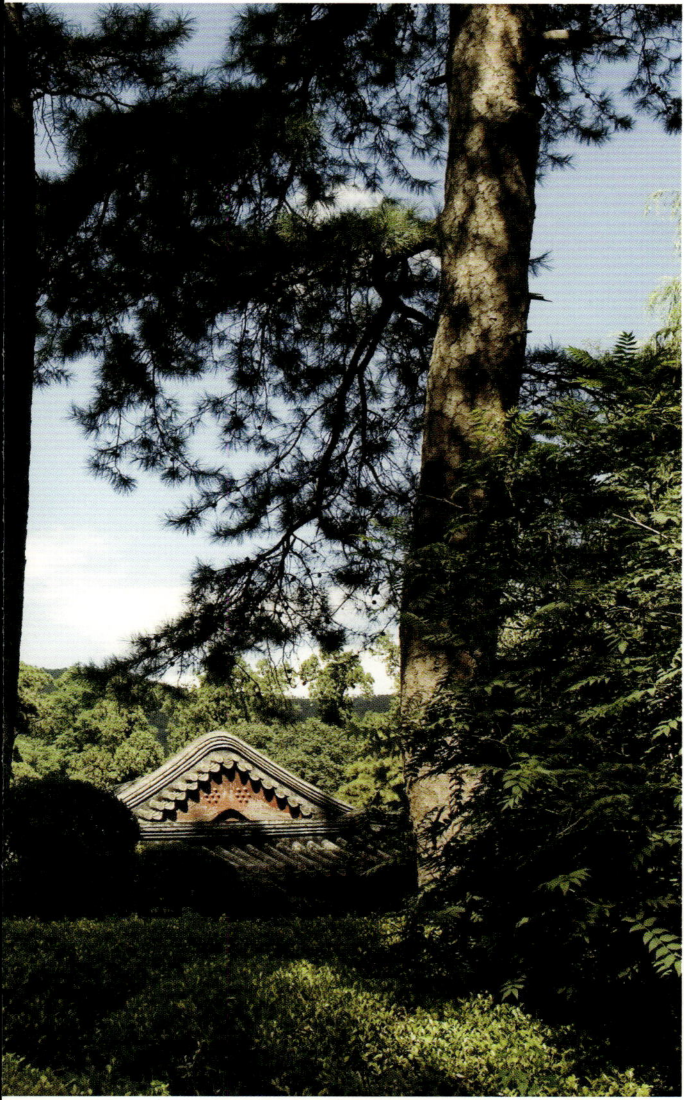

ANOTAÇÕES
REGISTROS E LEMBRETES

INFORMAÇÕES

ENDEREÇOS

A

A21 042
  21 Beitucheng Donglu
  tel 6489 5066
Academia Central de Belas-Artes 012
  8 Huajiadi Manjie
  tel 6477 1019
  www.cafa.com.cn
Artist Village Gallery 100
  Ao norte de Ren Zhuang Village
  Song Zhuang
  tel 6959 8343

B

Babyface 040
  Gongti 100 Complex
  6 Gongti Xilu
  tel 6551 9081
Banana 040
  Scitech Hotel
  22 Jianguomenwai Dajie
  tel 6528 3636
  www.scitechgroup.com
Bed 036
  17 Zhanwang Hutong
  Jiugulou Dajie
  tel 8400 1554
Beijing Amblers 096
  29 Anjianglou Liangmaqiao
  tel 131 6432 1041
Beijing Hikers Club 096
  tel 139 1002 5516
  www.beijinghikers.com
Biblioteca Nacional da China 064
  33 Zhongguancun Nandajie
  tel 8854 4114
The Bookworm 032
  Building 4
  Nansanlitun Lu
  tel 6586 9507
  www.beijingbookworm.com

Boys & Girls Club 062
  68 Sanlitun Lu
Brown's 040
  Nansanlitun Lu/Gongti Beilu
  tel 6592 3692

C

Café Sambal 036
  43 Doufuchi Hutong
  Ao leste da Jiugulou Dajie
  tel 6400 4875
Celeiro Imperial 068
  22 Dongsi Shitiao
China World Trade Center 009
  1 Jianguomenwai Dajie
  tel 6505 2288
  www.cwtc.com
Cidade Proibida 010
  Lado norte da Praça Tiananmen
  www.dpm.org.cn
Commune by the Great Wall 097
  Auto-estrada/Saída em Shuiguan
  tel 8118 1888
  www.commune.com.cn
Complexo Aquático Nacional 066
  Olympic Green
  tel 6669 9185
  www.en.beijing2008.com
The CourtYard 054
  95 Donghuamen Dajie
  tel 6526 8883

D

2 Kolegas 040
  21 Liangmaqiao Lu
  tel 8196 9197
Dao 044
  Templo de Guangfu
  37 Yandai Xiejie
  tel 6404 2778

Dashanzi Art Zone 012
4 Jiuxianqiao Lu
tel 6437 6248
www.798space.com
Dongtang 032
74 Wangfujing Dajie
tel 6524 0634
Dragonfly 062
60 Donghuamen Dajie
tel 6527 9368
www.dragonfly.net.cn
Drum 'n' Bell Bar 013
41 Zhonglouwan Hutong
tel 8403 3600
D-22 040
13 Chengfu Lu
tel 6265 3177
www.d22beijing.com

E
East End Art 034
Caochangdi Village
tel 8096 5616
www.eastendart.net
Escola Milun de Kung Fu Tradicional 089
33 Xitangzi Hutong
tel 139 1081 1934
www.kungfuinchina.com
Estádio Olímpico 065
Olympic Green
tel 6669 9185
www.en.beijing2008.com
Estádio dos Trabalhadores 064
Gongti Beilu
tel 6501 6655

F
Face 040
26 Dongcaoyuan
Gongti Nanlu
tel 6551 6738
Farmácia Tongrentang 072
24 Dazhalan Jie
tel 6303 1155
Fragrant Hills Hotel 102
2 Haidian Lu
tel 6259 1166

G
Gallerie Urs Meile 034
104 Caochangdi Cun
tel 6433 3393
www.galerieursmeile.com
Garden of Delights 048
53 Dong'anmen Dajie
tel 5138 5688
Grande Salão do Povo 064
Lado oeste da Praça Tiananmen
tel 6608 1188
Grand Hotel Beijing 040
35 Dongchang'an Jie
tel 6513 7788
www.grandhotelbeijing.com
Grand Hyatt Club Oasis 094
I Dongchang'an Jie
tel 8518 1234
www.beijing.grand.hyatt.com
Grande Teatro Nacional 014
Lado oeste da Praça Tiananmen
Green T House 046
Gongti 100 Complex
6 Gongti Xilu
tel 6552 8310
www.greenteahouse.com.cn

Green T House Living 046
318 Culge Zhuang Xiang
Hege Zhuangcun
tel 136 0113 7132
www.greenteahouse.com.cn

H
Han Cang 040
13 Qianhai Dongyan
tel 6404 2259
Hed Kandi Klub 040
The Great Wall Sheraton Hotel
10 Dongsanhuan Beilu
tel 6590 9999
www.sheraton.com/GreatWall
Hongqiao 072
Tiantan Donglu
tel 6713 3354
Hospital da Faculdade de Medicina de Pequim 064
1 Shuaifuyuan
tel 6522 4831
House By The Park 038
89 Jianguo Lu, 2º andar
tel 6530 7770

L
Lan Club 057
LG Twin Tower, 4º andar
12 Jianguomenwai Dajie
tel 5109 6012
www.qiaojiangnan.com
Lee & Lee Antique Furniture 086
Mercado de Curiosidades
e Móveis Antigos
519 Fenzhongsi
tel 6764 2214

Le Quai 050
Porta Leste
Estádio do Trabalhador
Gongti Beilu
tel 6551 1636
Li Qun Roast Duck Restaurant 040
11 Beixiangfeng Hutong
tel 6705 5578
Liu Zaiping 080
NB112
Subsolo 1
China World Shopping Mall
1 Jianguomenwai Dajie
tel 6505 8533

M
Made in China 061
Grand Hyatt Hotel
1 Dongchang'an Dajie
tel 8518 1234
beijing.grand.hyatt.com
Maggies's Bar 040
Porta Sul
Parque Ritan
Guanghu Lu
tel 8562 8142
www.maggiesbar.com
Mercado de Antiguidades de Panjiayuan 072
Panjiayuan Lu
Próximo ao 3º Anel Viário Leste
tel 6775 2405
Mesquita Niujie Kibai Si 032
88 Niu Jie
tel 6353 2564
Mountain Bikers of Beijing 096
tel 131 6129 8360
themob.404.com.au

Mountain Yoga 096
 tel 6259 6702
 www.mountainyoga.cn
Museu Zhukoudian 056
 Distrito Fangshan
 tel 6930 1278
My Humble House 038
 Nível do pódio W3
 Praça Oriental de Pequim
 1 Dongchang'an Jie
 tel 8518 8811
 www.tunglok.com

N
Nantang 032
 181 Qianmen Xidajie
Neiliansheng Shoe Shop 072
 34 Dazhalan Jie
 tel 6301 4863
Noble Family 068
 22 Dongsi Shitiao
 tel 5879 3179
No Name Bar 045
 3 Qianhai Dongyan
 tel 6401 8541
No Name Restaurant 045
 1 Dajing Hutong
 tel 6618 6061

O
Oriental Taipan Massage & Spa 093
 International Club Shop
 Sunjoy Mansion
 6 Ritan Lu
 tel 6502 5722
 Chaoyang Shop
 Subsolo
 1 Xindong Lu
 tel 8532 2177
 Lido Shop
 2º andar, bloco 9
 Lido Place
 2a Fangyuan Xilu
 tel 6437 6299
 Winterless Shop
 Bloco B
 Winterless Center
 1 Da Wang Xilu
 tel 6538 8086
 www.taipan.com.cn
The Orchard 082
 Mercado de Shuhuet
 Jingshun Lu
 Shunyi
 tel 6433 6270

P
Palácio de Verão 088
 Yiheyuan Lu
 tel 6288 1144
Parque Municipal de Ruínas da Dinastia Ming 070
 Chongwenmen Dongdajie
 tel 6527 0574
Peace Art Co 072
 Porta Sul
 Parque Ritan
 17 Guanghua Lu
 tel 8562 2680
Planetário de Pequim 064
 128 Xizhimenwai Dajie
 tel 6825 2453
 www.bjp.org.cn
Plastered T-shirts 084
 61 Nanluogu Xiang
 tel 134 8884 8855
 www.plastered.com.cn
Prince Gong's Mansion 037
 17 Liuyin Jie
 tel 6616 8149

Pure Lotus 052
 10 Nongzhanguan Nanlu
 tel 6592 3627
 Holiday Inn Lido
 Jiang Tailu
 tel 6437 6688

Q
Qianxiangyi 072
 5 Zhubaoshi Jie
 tel 6301 6658
 www.qianxiangyi.com
Qu Na'r? 041
 16 Dongsanhuan Beilu
 tel 6508 1597

R
Rain Club 068
 22 Dongsi Shitiao
 tel 6409 6922
RBL 054
 53 Dong'anmen Dajie
 tel 6522 1389
 www.rbl-china.com
Red Capital Club 020
 66 Dongsi Liutiao
 tel 8401 6152
 www.redcapitalclub.com.cn
**Red Capital Ranch
by the Wall** 092
 28 Xiaguandi Village
 Comarca de Yanxi
 Distrito de Huairout
 tel 8401 8886
 www.redcapitalclub.com.cn
Red Gate Gallery 070
 Níveis 1 e 4
 Torre de Vigia de Dongbianmen
 tel 6525 1005
 www.redgategallery.com

Redmoon 061
 Grand Hyatt Hotel
 1 Dongchang'an Dajie
 tel 8518 1234
 www.beijing.grand.hyatt.com
Rua da Seda 072
 Xiushui Dongjie
Rui Fu 039
 3 Zhangzi Zhonglu
 tel 6404 2711
Ruifuxiang 072
 5 Dazhalan Xijie
 tel 6525 0764

S
Sculpting in Time Café 102
 Perto da Porta do Parque Xiangshan
 tel 8529 0040
 www.sitcafe.com
Shanghai Tang 078
 Shop 3-5
 Grand Hyatt
 1 Dongchang'an Jie
 tel 8518 0898
 www.shanghaitang.com
Spin Ceramics 074
 6 Fangyuan Xilu
 tel 6437 8649
 www.spinceramics.com
Stone Boat Cafe 056
 Porta Oeste, Parque Ritan
 Ritan Lu
 tel 6501 9986
Suzie Wong's 060
 1a Nongzhanguan Nanlu
 tel 6593 6049

T
Timezone 8 Editions 076
4 Jiuxianqiao Lu
tel 8456 0336
www.timezone8.com
Torre de Vigia de Dongbianmen 070
Jianguomen Beidajie
Torre do Sino 013
Gulou Xidajie

U
Universidade de Pequim 064
tel 6275 1246
www.pku.edu.cn
Universidade de Tsinghua 088
tel 6278 5001
www.tsinghua.edu.cn

V
Vineyard Café 033
31 Wudaoying Hutong
tel 6402 7691

X
Xin Beijing Art Gallery 068
22 Dongsi Shitiao
Xinjiang Islam Restaurant 032
Gabinete do Governo Provincial
de Xinjiang
7 Sanlitun Lu
tel 6833 5599

Y
Yin Shu 073
Zone A nº 11
Comunidade Artística de Dashanzi
2 Jiuxianqiao Lu
tel 6437 3432

Yoga Yard 088
17 Gongti Beilu, 6º andar
tel 6413 0774
www.yogayard.com
YuGong YiShan 040
1a Gongti Beilu
Em frente ao Estádio dos Trabalhadores
Porta Norte
tel 6415 0687

Z
Zenspa 090
House 1
8a Xiaowuji Lu
tel 8731 2530
www.zenspa.com.cn
Zeta Bar 053
Hilton Beijing
1 Dong Fang
Dongsanhuan Beilu
tel 5865 5000
www1.hilton.com

HOTÉIS
ENDEREÇOS E PREÇOS

China World Hotel 028
Diárias:
Quarto duplo, CNY1.700-CNY2.150;
Beijing Suite, CNY27.000
China World Trade Center
1 Jianguomenwai Dajie
tel 6505 2266
www.shangri-la.com

The Kerry Centre Hotel 022
Diárias:
Quarto duplo, CNY1.580-CNY1.980;
Deluxe, CNY2.100
1 Guanghua Lu
tel 6561 8833
www.shangri-la.com

Lu Song Yuan Hotel 021
Diárias:
Quarto duplo, CNY728;
Suíte, CNY1.380
22 Bangchang Hutong
tel 6404 0436
www.the-silk-road.com

Park Hyatt 016
Diárias:
Sob consulta
Beijing Yintai Centre
2 Jianguomenwai Dajie
www.hyatt.com

The Peninsula Beijing 024
Diárias:
Quarto duplo, CNY2.245;
Beijing Suite, CNY4.200
8 Jinyu Hutong
tel 8516 2888
www.beijing.peninsula.com

Raffles Beijing Hotel 017
Diárias:
Quarto duplo, CNY2.288;
Landmark Suite, CNY4.485
33 Dongchang'an Jie
tel 6526 3388
www.beijing.raffles.com

Red Capital Residence 020
Diárias:
Quarto duplo, CNY1.500
9 Dongsi Liutiao
tel 8403 5308
www.redcapitalclub.com.cn

Ritz-Carlton 016
Diárias:
Quarto duplo, CNY2.000
1 Jinchengfandong
tel 6601 6666
www.ritzcarlton.com

Ritz-Carlton Central Place 016
Diárias:
Quarto duplo, CNY4.500
83 Jianguomenwai
tel 5908 8888
www.ritzcarlton.com

Shangri-La Hotel 030
Diárias:
Quarto duplo, CNY1.745-2.100
29 Zizhuyuan Lu
tel 6841 2211
www.shangri-la.com

St Regis Hotel 018
Diárias:
Quarto duplo, CNY3.320
21 Jianguomenwai Dajie
tel 6460 6688
www.stregis.com/beijing

WALLPAPER* CITY GUIDES
Diretor Editorial
Richard Cook
Diretor de Arte
Loran Stosskopf
Editor de Cidade
Jonathan Ansfield
Editor de Projeto
Rachael Moloney
Editor-Gerente Executivo
Jessica Firmin
Designer-Chefe
Ben Blossom
Diagramação
Ingvild Sandal
Ilustrador de Mapa
Russell Bell
Editor de Fotografia
Christopher Lands
Assistente de Fotografia
Jasmine Labeau
Sub-Editor Chefe
Jeremy Case
Sub-Editores
Sue Delaney e Alison Willmot
Sub-Editor Assistente
Milly Nolan
Internos
Alexandra Hamlyn, Poppy Jenning
e Caroline Peers
**Editor-Chefe do
Grupo Wallpaper***
Jeremy Langmead
Diretor de Criação
Tony Chambers
Diretor de Publicação
Fiona Dent

Colaboração
Paul Barnes, Neroen Bergmans,
Alan Fletcher, Sara Hendrichs,
David McKendrick, Claudia Perin,
Meirion Pritchard, James Reid
e Ellie Stathaki

**PUBLIFOLHA
Coordenação do Projeto
Assistência Editorial**
Camila Saraiva
Produção Gráfica
Soraia Pauli Scarpa
**Assistência de Produção
Gráfica** Mariana Metidieri

**Produção Editorial
Tradução**
Vera Caputo
Edição
Editora Página Viva
Revisão
Francisco José Couto e
Agnaldo Alves de Oliveira
Editoração Eletrônica
Editora Página Viva

Foi feito o possível para garantir que as informações deste livro fossem as mais atualizadas disponíveis até o momento da impressão. No entanto, alguns dados como telefones, preços, horários de funcionamento e informações de viagem estão sujeitos a mudanças. Os editores não podem se responsabilizar por qualquer consequência do uso deste guia, nem garantir a validade das informações contidas nos sites indicados.

Os leitores interessados em fazer sugestões ou comunicar eventuais correções podem escrever para o endereço abaixo, enviar um fax para (11) 3224-2163 ou um e-mail para atendimento@publifolha.com.br

PUBLIFOLHA
Divisão de Publicações do
Grupo Folha
Al. Barão de Limeira, 401, 6º andar,
CEP 01202-900, São Paulo, SP
Tel.: (11) 3224-2186/2187/2197
www.publifolha.com.br

Impresso na China.

Título original / original title:
Wallpaper* City Guide Beijing
© IPC Media Limited 2007

Wallpaper* (nome e logo) é marca registrada de propriedade da IPC Media Limited utilizada sob licença da Phaidon Press Limited. / The Wallpaper* (name and logo) is a trademark owned by IPC Media Limited and used under licence from Phaidon Press Limited.

Esta edição foi publicada pela Publifolha sob licença da Phaidon Press Limited of Regent's Wharf, All Saints Street, London, N1 9PA, UK. www.phaidon.com
Primeira edição 2008. / This Edition published by Publifolha under licence from Phaidon Press Limited of Regent's Wharf, All Saints Street, London, N1 9PA, UK. www.phaidon.com
First published 2008.

Todos os direitos reservados. Nenhuma parte desta publicação pode ser reproduzida, arquivada ou transmitida de nenhuma forma ou por nenhum meio sem permissão expressa e por escrito da Phaidon Press / All rights reserved. No part of this publication may be reproduced, stored in a retrieval system or transmitted, in any form or by any means, electronic, mechanical, photocopying, recording or otherwise, without the prior permission of Phaidon Press.

Proibida a comercialização fora do território brasileiro.

Dados Internacionais de Catalogação na Publicação (CIP)
(Câmara Brasileira do Livro, SP, Brasil)

Pequim / [tradução Vera Caputo]. - São Paulo : Publifolha, 2008. -
(Wallpaper* City Guide)

Título original: Wallpaper* City Guide : Beijing
Vários colaboradores.
ISBN 978-85-7402-878-1
1. Pequim (China) – Descrição e viagens – Guias I. Série.

08-01693   CDD-915.1156

Índices para catálogo sistemático:
1. Guias de viagem : Pequim : China 915.1156
2. Pequim : China : Guias de viagem 915.1156

FOTÓGRAFOS

Ben Blossom
Plastered T-shirts pág. 85

Ben Murphy
Vista aérea de Pequim, capa interna
Cidade Proibida, págs. 10-11
Comunidade Artística de Dashanzi, pág. 12
Torre do Sino, pág. 13
Grande Teatro Nacional, págs. 14-15
Red Capital Residence, pág. 20
Lu Song Yuan Hotel, pág. 21
Passeio pelos *hutongs*, pág. 33
Galerie Urs Meile, págs. 34-35
Café Sambal, pág. 36
Houhai, pág. 37
My Humble House, pág. 38
Rui Fu, pág. 39
Qu Na'r?, pág. 41
A21, págs. 42-43
Dao, pág. 44
No Name Bar, pág. 45
Green T House, págs. 46-47
Garden of Delights, pág. 48-49
Le Quai, pág.s 50-51
Pure Lotus, pág. 52
Zeta Bar, pág. 53
RBL, págs. 54-55
Stone Boat Café, pág. 56
Lan Club, pág. 57, págs. 58-59
Suzie Wong's, pág. 60
Redmoon, pág. 61
Jennifer Qiu, pág. 63
Estádio Olímpico, pág. 65
Celeiro Imperial, págs. 68-69
Torre de Vigia de Dongbianmen, págs. 70-71
Yin Shu, pág. 73
Spin Ceramics, págs. 74-75
Timezone 8 Editions, págs. 76-77
Liu Zaiping, págs. 80-81
Escola Milun de Kung Fu Tradicional, pág. 89
Red Capital Ranch by the Wall, pág. 92
Xiangshan, págs. 102-103

PEQUIM
ORIENTE-SE NA CIDADE COM ESTE GUIA DE CÓDIGO DE CORES

COSTA DOURADA
Quem busca um pouco de tranqüilidade e belos arredores deve ir ao Parque Ritan.

UNIVERSIDADES
Tecnomaníacos e cibercafés infestam esta região da zona norte.

WANGFUJING
Colisões arquitetônicas e consumo de massa, mas aos poucos vem melhorando.

ZONA LESTE
Satisfaça sua paixão por arte nesta área agitada, depois se reabasteça em um de seus excelentes cafés.

CIDADE VELHA
Uma radical revitalização está transformando os antigos domínios do imperador em ponto de encontro da nova burguesia.

SANLITUN
O distrito que não pára de crescer oferece imensa variedade de opções para os notívagos.

Para uma descrição mais detalhada de cada bairro, veja a Introdução. As atrações estão sublinhadas com linhas coloridas, segundo o bairro em que se localizam.